PERFFAITH NAM

PERFECT BLEMISH

Menna Elfyn is a poet and playwright who writes with passion of the Welsh language and identity. She has published ten collections and two children's novels in Welsh, and also co-edited *The Bloodaxe Book of Modern Welsh Poetry* (2003) with John Rowlands.

Her poetry is available in two bilingual selections, *Eucalyptus: Detholiad o Gerddi / Selected Poems 1978-1994* from Gomer and *Perfect Blemish: New & Selected Poems / Perffaith Nam: Dau Ddetholiad & Cherddi Newydd 1995-2007* from Bloodaxe.

When not travelling the world for readings and residencies, she lives in Llandysul. She was Wales's National Children's Laureate in 2002.

WEBSITE: www.mennaelfyn.co.uk

MENNA ELFYN

Perfect Blemish

NEW & SELECTED POEMS 1995-2007

Perffaith Nam

DAU DDETHOLIAD & CHERDDI NEWYDD

1995-2007

with English translations by
JOSEPH CLANCY
GILLIAN CLARKE
TONY CONRAN
ELIN AP HYWEL
NIGEL JENKINS
ROBERT MINHINNICK

BLOODAXE BOOKS

ISBN: 978 1 85224 779 9

First published 2007 by
Bloodaxe Books Ltd,
Highgreen,
Tarset,
Northumberland NE48 1RP.

www.bloodaxebooks.com
For further information about Bloodaxe titles
please visit our website or write to
the above address for a catalogue.

Bloodaxe Books Ltd acknowledges
the financial assistance of
Arts Council England, North East.

Cover design: Neil Astley & Pamela Robertson-Pearce.

Cover printing: J. Thomson Colour Printers Ltd, Glasgow.

Printed in Great Britain by
Bell & Bain Limited, Glasgow, Scotland.

I Siân,
Chwaer a Chyfaill

CYNNWYS

CONTENTS

BLIND MAN'S KISS (2001)

CYDNABYDDIAETH / ACKNOWLEDGEMENTS

Carwn ddiolch i'r canlynol am eu caniatâd wrth gyhoeddi'r gyfrol hon: Gwasg Gomer, Gwasg Carreg Gwalch, *Tu Chwith*, *Golwg*, *Barddas*, *Gŵyl Tŷ Newydd*, am gomisiwn 'Emyn i Gymro'. Hefyd Celfyddydau Cymru am ysgoloriaeth i gwblhau'r gyfro *Perffaith Nam*.

This book includes poems and translations from Menna Elfyn's two bilingual collections published by Bloodaxe Books, *Cell Angel* (1996) and *Cusan Dyn Dall / Blind Man's Kiss* (2001), together with a selection of later translations from *Perffaith Nam* (Gwasg Gomer, 2005) with new or previously uncollected translations, and a gathering of new poems with new translations. Gwasg Gomer / Gomer Press, my Welsh-language publishers, deserve a special mention as they published my very first book in 1976 and have since published another dozen. Acknowledgements are also due to the following: *Er dy Fod* (Gwasg Gomer, 2007); *The Adulterer's Tongue*, ed. Robert Minhinnick (Carcanet, 2003); *Poetry Review*; *Answering Back*, ed. Carol Ann Duffy (Picador, 2007); *The Lie of the Land* (Cinnamon Press, 2006); *Poetry Wales*; poetryinternational.org, British Council; British Council Oporto and Fitch O'Connell; Tŷ Newydd Festival and Sally Baker for commissioning 'Hymn to a Welshman'.

As ever, my thanks to my translators, who have enabled me to continue to write poetry solely in the Welsh language, and whose commitment and love towards the language would need more than ten words to express. A great deal of the later work has been done by Elin ap Hywel, my co-fellow with the Royal Literary Fund at Aberystwyth University for many years; between latte and letters and a great deal of restlessness, these poems became siblings, confident to face the world as proud bilinguals.

I am grateful to the Arts Council of Wales for bursaries which enabled me to complete *Cusan Dyn Dall* and *Perffaith Nam*.

The translations of *Cell Angel* and *Cusan Dyn Dall* were commissioned with the support of translation grants from the Arts Council of Wales. This book is published with the financial support of Llenyddiaeth Cymru Dramor / Welsh Literature Abroad.

Welsh Literature Abroad
Llenyddiaeth Cymru Dramor

Cell Angel

(1996)

Dyn Eira

Mor syml yw'r sawl a godwn,
ei eni mewn orig. O'r bru gwyn
â dwylo brwd. Un solet,
a'i lygad uwch ysgwydd,
ef yw'n dyhead i'w ddal
yn ddiarfau,

a'i ddiffyg parhad.

Pelawdau o eira i ffwrdd,
ucheldiroedd a'u llethrau'n tynnu dyn
i weu simne o lwch glân,
yr eira'n penisel erlid –
pawennau'n dynesu at bydew –
i lechu. Am loches.

Uwchben, hofrenyddion di-gwsg
sy'n dwrdio'r ddaear a'i lliain,
nes daw'r nos hindrus
i aeldremu'i chuwch, uwch y lluwch;
                                    a'r wlad

mor gegoer lonydd. Yna, dieithrio'r oriau
a wna. Rhifo'n rheibus y felltith
a'i blitha'n bla. Yna, daw'r achub,
ôl troed dynion ar drywydd a'i maglodd,
a'i gario uwch yr olion
yn draed newydd atalnodus,
pob asgwrn a migwrn yn rhan o'r gredo.

Cyrraedd arall yw copa dynoliaeth,
y dyhead am glymiad. Am ildiad
i ddoethineb arall. Yng nghysgod tafod lân,
daw'r eira yn rhwystr-iaith
er mwyn i ddynion ddod o hyd i allgaredd

sy'n uwch nag Everest,
yn isel megis crud.

Snowman

How simple the one we build
born in an hour. From a white embryo
with quick hands. Solid,
looking over his shoulder
he is the longing we keep
disarmed

without future.

Many snowballs away
are the high peaks that make a man
build a chimney from white dust
where low flying snow drives
paws to the lair. Cornered.

Above, the sleepless helicopters
scold the earth's linen
till hindering night comes
frowning over the drifts
                        and the land

so dumb with cold, so still. The hours
turn strange, counting the cruel curse
that pours down plague. Then rescue comes,
men's footprints on the path which tripped him
and they bear him above their own tracks
freshly punctuating the snow
each bone, each knuckle part of the faith

in human summits,
the yearning to connect. To concede
to experience. So the clean language of snow
is stumble-tongued
so men may carry generosity

higher than Everest,
low as a crib.

Gwely Dwbwl

Ddealles i erioed unbennaeth y gwely dwbwl.
Nid lluosog mo'r aelodau'n cysgu. Ar wasgar

digymar ydynt, a'u ffiniau'n codi sofraniaeth –
disyfl dan ddwfe heb i wladfa dwy genedl

negydu rhandiroedd sy'n ffrwythlon. Clymbleidir
weithiau, a thro arall bydd blas wermod ar dafod

wrth gael coes yn rhydd, neu lithro ar gulfor matras.
Mor unplyg yw trwmgwsg. Er nesed ei nwydau, dyheu

am ymbellhau a wnawn wedyn. Osgoi penelin ar ffo,
cnwch ysgwydd ar letraws. Gorgyffwrdd yw trafferth

perthynas. Gadael dim ond lled cornel. Ac eto, yn dy absen,
a'r hunan bach mewn gwely, rhy fawr yw i un grynhoi

ei holl hunaniaeth. Lled ofni a wnaf ar obennydd –
na ddaw'r tresmaswr byth rhagor i'r plu aflonydd

a thry'r gwely heb dy gymalau yn wainbren
heb gyllell. A'm gadael yn breuddwydio

am y cnawd deheuig a'r anghenus ymlid –
yn anhrefn perffaith o dan y cwrlid.

Double Bed

I never understood the tyranny of the double bed.
Sleeping limbs are single, on the move

unpartnered, in territory held
staunch beneath the duvet, uncolonised by the nation-state's

pillage of fruitful land. Coalition
sometimes, other times wormwood on the tongue

struggling to free a leg or to slip the straits of the mattress.
How sound is the deepest sleep, though passion unites us, after

we keep our distance. Avoid the flying elbow,
the sharp shoulder-blade. Overlap is the hard part

of belonging. Left with nothing but a corner. Yet, you away,
my small self in bed, it's too big to gather

an identity. On my pillow I'm half afraid
the trespasser won't come back to the restless feathers

and the bed without your body is a wooden
scabbard. I'm left dreaming

of the articulate flesh, desire's needling,
the perfect disarray beneath the covers.

Broits

(er cof am Stephanie Macleod)

Y mae lle i allanolion –
clustdlysau, ambell fwclis,
breichledau o feini bychain;

ac eto, o'r meddal fewnolion
y gweithiwn froits drwy fywyd –
yn dlws atgof ar ôl ein dyddiau,

'roedd dy froits di yn un llachar:
angerdd ar waelod y bachyn,
cadwen fach, rhag ei cholli.

Heddiw, eraill fydd yn ei gwisgo –
y tlws a grewyd o fynwes euraid,
gan ddal llygaid yr haul – a'n dallu.

Brooch

(in memory of Stephanie Macleod)

They have their place, accessories:
earrings, the odd necklace,
gemstone bracelets...

and yet, it's from the soft inner depth
we work the brooch of our lives,
that jewelled keepsake set to outlast us.

Yours, it was a brooch ablaze –
the passion-crafted clasp,
the light chain to keep it safe;

others, now, will wear your brooch –
this jewel fashioned from a golden heart.
It will catch the sun. It will dazzle us.

Grawnwin Melys

(Durban)

'Treat this like home.'
Tynnodd ddyrnaid o rawnwin
o liw cleisiau a'u claddu'n fyw
yn agen annirgel ei geg.
Islaw dur mud roedd dryll
yn pendwmpian ar ei wasg,
a thu ôl iddo, farrau tew
yn cau pob cam ceiliog,
a Rottweiler yn ffroeni'n frwd,
ei ffordd at fannau nad oedd gartrefol.

'Tŷ diogel yw hwn,' meddai,
wrth ein hannog i blycio
fesul grêpsen ei groeso.
'Ni chafwyd yno,' meddai'i wraig,
'yr un adyn diwahoddiad erioed
ar wahân i'r lleidr yn y llwyni
a ddawnsiodd falé i fiwsig ei fwled.'

'Dyn moesol wyf,'
ei ymson ef drwy'r amser,
'Dw i ddim yn gwneud gwragedd na phlant.
Ond dyn yw dyn i'w dynnu
i'w derfyn. Un annel
at y nod yn ddiatyniad,
Angola, Ariannin does unlle'n ddiannedd
gyda chylch bywyd fel y gadwyn fwyd.'

Tŷ saff yn y tes,
gan un a fytheiriai
yn erbyn pob bomio blanced,

mersenari trugarog,
yn estyn i'w westeion
grêps ac ynddynt gerrig mân,
yn fwledi i'w poeri allan at yr haul.

Sweet Grapes

(Durban)

'Treat it like home.'
He pulled a fist of grapes
the colour of bruises and buried them alive
in the open crater of his mouth
under the gun's dull steel,
nodding off where he sat,
and behind him thick bars
that would stop a cockerel in its tracks,
a Rottweiler eagerly sniffing
its way to unhomely places.

'This is a safe house,' he said
urging us to pluck
one by one his grapes of welcome.
'Not one,' said his wife,
'not one uninvited villain has been here
but the robber in the trees
dancing to the ballet of the bullets.'

'I'm a godfearing man,'
his perpetual monologue,
'I don't do women or children
but a man is a man to be cut down,
taken out. One shot
at the ugly target,
Angola, Argentina, they're all home to me.
Life's a circle like the food chain.'

Safe house in the sun,
and a man fuming
about blanket bombing,

merciful mercenary
offering his guests
grapes full of small seeds,
bullets to spit at the sun.

Cell Angel

Mae'r celloedd llwyd o bob tu iddo
yn ei ddal mewn esgyrn sy'n cuddio
am eiliad bwysau'r briwiau yno

ac eto onid dynol oedd yr angylion
ar dir Groeg a Phersia'n llonni dial
nid araf yn y Llyfr Mawr i ymrafael?

Aeth ef â mi o'i gell, ef, angel, i'r neuadd fawr,
myfi, efe ac un piano grande,
allweddi'n aflonyddu wrth ddal fy llaw,

dan glo, dechreuodd ei gyngerdd i'r noddreg,
twinkle, twinkle, yn un donc ddyfal –
cyn methu'r esgyniad – at y llethrau duon.

Angel pen-ffordd, heb bentan na mynegbyst
a'r nen ar goll ym mherfedd y berdoneg
How I wonder what you are.

Daw'r seibiau â'r solo i ben. Allweddi'n cloi,
cau dwrn du y piano, yn grop. Disgordiau,
yn offeryn segur ar ei wyneb. Disgyniad

angel a'i angerdd i greu consierto
yn troi'n lled-fyw rhyw nodau o gryndod –
er byd mor ansoniarus. Canfod un tant persain.

*　　*　　*

Pes gallwn mi rown gwotâu ar angylion,
gwahardd sopranos, rhai seraffaidd
o fan uchel eglwysig lle mae'r sêr yn seinio

eu pibau rhy rwydd wrth euro'r corau,
yn fechgyn angylaidd, yn lleisiau gwydr mirain,
o'r marmor i'r eco. Rhy lân yw. Ni all Duw fod yno,

Cell Angel

Grey cells either side of him
keep safe the bones that hide
for a second their weight of pain

yet weren't the angels mortal,
Greek and Persian soil joyous with vengeance,
the Bible quick with quarrels?

He led me from his cell, this angel, to the hall,
him and me and a grand piano,
the door-keys restless in my hand.

Locked, he began a concert for his patron –
twinkle, twinkle, then one violent tonc –
before failing to ascend the black slopes

an angel on the road, homeless, lost
and the sky drowned in the piano's depths.
How I wonder what you are.

The pause ends the solo. Keys locked sharp
in the black fist of the piano. Discord
an unplayed instrument in his face. Descending

angel and his passionate concerto
turn suddenly to notes reverberating
through this musicless place. To reach for one fine string.

                    *   *   *

I would give quotas on angels,
ban seraphic sopranos
from high-church places where stars play

their easy flutes in gilded choirs
of angelic boys, their voices clean as glass
between the marble and the echoes. God's no more there

yn fwy nag yma, yng nghell yr angel,
lle mae cordiau heb ddesgant,
eto rwyf ar fy nhraed o glai yn cymeradwyo

encôr, i ddyhead un gell angel
fel y gall ehedeg yn ansylweddol
drwy furiau, heb gysgod, yn ysgafn,

adeiniog at gôr dwyfol y Gadeirlan –
ond tu hwnt i'r drws mae criw yn paffio
chwerthin yn y cnewyllyn talcen gwydr,

ac i bob Mihangel, Gabriel, Raffael,
mae cell sy'n eu cadw yn angylion syrthiedig,
a thry'r meidrolyn sy'n dal yr allwedd
yn ddim ond alaw cariad. Yn dduw heb agoriad.

Salm i'r Gofod Bach yn y Drws

Llygad Gaia wyt ti, weithiau
yn wincio'n gellweirus arna i
am ddal at fy muriau.
Llygad geneth droseddol
wrth daflu cip ar daith lawr y bloc
yn llanw'r llygad latsh â phenchwibandod,
Llygad dan sbectol ambell dro
yn adrodd yn ddeallus
wrth un â'i threm mor halog,
Llygad, a'i channwyll yn llosgi
yn nüwch fy unigedd,
yn golchi pob blinder â thrwmgwsg,
Llygad follt hefyd sy'n ysgwyd
fy syllfyd a'm dyrchafu tua'r mynyddoedd,
yn gweddaidd wylio traed y rhai fu yno,
lle mae allweddau Mair ynghudd,
a'i dagrau wedi eu diferu ar ei mantell.

Lygatddu Gaia,
Namaskara, cyfarchaf y dwyfol ynot
sy'n creu o'm craidd ddrws agored.

than here, in the angel cell
where chords ring without descant
where I rise to my feet of clay to applaud.

Encore to the dream of a cell angel
that he might fly bodiless
through walls, without shadow, light

winged to the great cathedral.
But behind this door the boy-gangs box
laughing through a chink in the brow of glass.

And for every Michael, Gabriel, Raphael,
there's a cell to keep him fallen
and the keeper of the keys
is only a love song. A god without power to unlock.

Psalm to the Little Gap in the Cell Door

You're Gaia's eye, sometimes,
winking mischief at me
for keeping to my walls.
You're the eye of the girl prisoner
who peeps in on her way down the block
filling the spy-hole with her couldn't-care-less.
Now and then a bespectacled eye
reciting wise words
to one with an impure gaze.
The eye of the candleflame
in the darkness of solitude
washing my weariness with deep sleep.
The disappearing eye that shakes
my staring world and raises my eyes to the hills,
watching the feet of those who trod there before
where Mary's keys are hidden
and tears are shed on cowslip and lady's mantle.

Dark-eyed Gaia,
Namaskara, I greet the divine in you
which out of my being makes an open door.

25

Blodau Gwylltion

Tu ôl i'r barrau, bu'r barnwyr lleyg
yn cynnal llys. O'u blaen, y llestr
gwannaf un. Yn ffluro llys yr ychen.
Ond thâl hi ddim rhyfygu. Gwelant
mai dienw flodyn wyf ymysg y crinllys,
yn ffugio codwarth diarth, a'r elinog
yn dringo ataf. Gwyra'r clychlys ataf
a gweld na fûm ynghrog. Ni'm cythrwyd
o lwyn. Theimlais i na llafn na llaw dyn
ar wegil. Clawdd llonydd a ges.

Daw'r ddedfryd yn unfryd o sydyn. Nid dewr
ond dwl wyf. A dall. Yn fenyw na fyn löyn
byw ar ei gwarthaf. Pa eneth a gollai Sadyrnau
siawns ei neithdar a phleserau'r gwrych. Pitïant

sepalau mor sobr. Hwy o lys eu cryman.
Dinodwydd fraich wyf. Heb fwgyn i gynnal poen,
na gefynnau ar arlais. Cesail o gysgod a ges ymhlith
petalau a brofodd wayw corwynt a chraith.

Daeth awr i dystiolaethu,
sgriffian graffiti ar *tabula rasa* wal,
tri phabi hirgoes ynghanol meysydd paradwys –
dacw'r un rhudd mewn parêd yn dathlu'r lladd
er bod y gweirgloddiau yn dal i ddiferu;
a dyma'r un gwyn a wisgaf yn asgwrn tangnefedd
bob Tachwedd i herio holl adnodau'r gad;
a dacw hi, myfi, y pabi Cymreig sy'n cuddio
ei bochau gan ddiffyg dewrder ei chlefyd melyn.

Aeth y barnwyr allan, yn gwenu ar y pabi tawel,
ar frig ei dicter, at dusw crud yr awel.

Wild Flowers

Behind bars, the lay judges hold court. Before them,
I flower as bravely as campion, although
I'm truly the weakest of vessels.
But I can't pretend. They can see,
although I look like nightshade
I am the most shrinking violet.
The bittersweet climbs toward me. A harebell leans over me
and knows that I never was torn, never plucked from the hedge.
I never felt man's hand like a blade at the back of my neck.
I've dwelt among untrodden ways.

They give judgement swiftly, together. I am
not brave, but stupid. And blind. A woman who'd be scared
if a butterfly followed her. What sort of girl would forgo
the random, nectarish Saturdays of youth,
the pleasures of the hedge? They pity

my sober sepals, these scarlet pimpernels.
My arms bear no needle-scars. I suck no stub to ward off pain.
I am unmanacled. I've had a shady hollow
among petals which have seen hurricanes and cruel reapings.

The time has come to testify –
to graffiti, on the *tabula rasa* of the wall,
three long-stemmed poppies in paradise –
here's the red poppy on parade, triumphing death
though the meadows still run with the stain of blood,
here's the white one I wear as a bone of peace
each November, defying war's pieties;
and here am I, the Welsh poppy, head bent –
my spinelessness a yellow fever.

The judges left, smiling at a humble poppy
on the crest of her anger. A stalk bending in the wind.

Drws Nesa

a thrwy farrau'r nos bûm yn wystl
i Atlantic 252. Yn meddylu am Iwerydd
lle cawn gyfle i gwffio â'i thonnau
ond tonfedd cariad sydd yma.
Onid y rhain a ddeall ei orlif
onid y rhain a ddeall ei drai
ar ddistyll y don?

Eto, hi a gân y gytgan yn drahaus o drachefn
nid parodi mohoni – rhwng parwydydd
clywaf ei llais yn llawn paratoadau
am nwydau sy'n dinoethi'r nodau,
noethlymuna nes gadael cryd arnaf.

Ysaf am droi wedyn ati,
yn ddynes drws nesa flin sy'n swnian
am fod dail ei sycamorwydden yn disgyn dros glawdd
gan arthio am ei diffyg parch.
Ond beth yw parch yma ond dyn
a ddaw ar y Sul i estyn salm?
Pa ots felly mai aflafar yw'r llais?
Perthyn ydym oll i'r unsain.

Ac felly, er mor ansoniarus yw'r gân,
godinebaf â hi wrth ysu, drysu am unawdydd
a fedr ganu ar gnawd. A dioddef ei felan
a'i blŵs. Glasach yw ei gadael,
geneth ar goll yn y gwyll

a hymian gyda hi allan o diwn,
yng nghadwyni ei halawon main.

Next Door

and through the bars of night I'm hostage
to Atlantic 252. I could do battle
with Atlantic waves
but these are love's waves
who alone know the flood
who alone know the ebb
at the wave's crest.

Still she sings the refrain over and over
and it's no joke – through thin walls
her voice brims with the prelude
to desire that undresses notes
so naked that I too am shivering.

Now I long to face her,
a woman next door droning on
about her sycamore leaves falling my side of the fence,
how nothing's sacred these days.
What is sacred here but the preacher
offering a psalm on Sunday?
We yearn to belong to the song.
So what if she's out of tune.

So, though her song is harsh,
with her I burn adulterously for the soloist
who plays our blood. I hurt for him,
suffer his blues. Bittersweet to let her be,
a girl lost in the dark,

and hum along out of tune
in the chains of her shrill songs.

Cwfaint

Mae cwfaint a charchar yn un. Lleian mewn lloc
a morynion gwynion dros dro'n magu dwylo,
eu didoli nis gallwn. Diystyr cyfri bysedd mewn byd

mor ddiamser. Fe ŵyr un beth yw trybini y llall,
bu yn ei bydew yn ymrafael â'r llygod ffyrnig,
dioddefaint yn sail i'w dyddiau.

Mae cariad ar oledd y mur. Croes rhwng troseddwyr
a gafodd. Cell rhyngddynt a'u mân groesau,
yn llawn seibiannau mawr. Pa Dad

a'i gadawodd mewn lle mor anial, llygad ychen drws
ei unig wrthdrawiad? A holodd hwy am fechnïaeth –
am brynu amser? Galw arno am drugaredd?

Lleianod cadwedig ydym yma. Wedi'r swpera
awn yn ôl i fyd ein myfyr. Yr un a wna rai'n sypynnau
heb gnawd. Yma, ni yw'r ysbrydol anwirfoddol,

yn dal y groes a'r troseddwyr rhwng ein gobennydd,
yn gyndyn mewn aberth, yn dyheu am adenydd.

Rhif 257863 H.M.P.

Na chydymdeimlwch â mi,
nid Pasternak mohonof
na Mandelstam ychwaith,
gallwn dalu fy ffordd o'r ddalfa,
teirawr a byddwn yn y tŷ.

Gwesty rhad ac am ddim yw hwn,
ond lle cyfoethog,
ymysg holl ddyfrliwiau teimlad,
barrau yw bara a chaws bardd.

Nunnery

All one, a nunnery and a prison. The nun in her cell
and those temporary virgins wrapped in their own arms.
You can't tell them apart. No use counting your fingers in a world

so timeless. Each knows the other's sorrow,
has been in the pit fighting the rats,
grief the ground of her days,

love askew on the wall, a cross between two thieves,
only a cell between them and their petty hurt,
their deep occasional sighs. What kind of Father

abandoned him in such a godforsaken place, the ox-eyed door
the only quickening. Did he ask about bail,
about buying time, cry out for mercy?

We are anchorites. After supper
we turn to contemplation. We make fleshless
bundles. Like it or not we're spiritual

bearing our little crosses under our pillows,
stubborn in sacrifice, waiting for wings.

No. 257863 H.M.P.

Don't pity me,
I'm no Pasternak
nor Mandelstam,
I could buy my way out of here,
three hours and I'd be home.

It's a cheap hotel,
but a rich place,
amongst the watercolours of feeling,
bars are a poet's bread and cheese.

Diolch frenhines, am y stamp ar sebon,
am uwd, yn ei bryd. Am dywelion anhreuliedig,
'rwyf yma dros achos
ond des o hyd i achosion newydd.

Siesta
(ym Mecsico)

Mae'r pwnio'n dilyn patrwm
ar wal, rhyw hir waldio,
'lle od i chwarae sboncio,'
meddai fy mab. Ni chlywais mo'r 's'.

Llyfelu'r trai, codi'n draserch
a chyson gri curiadau
yn taflunio'n gawod lathraidd
cyn bwrw ias o ecstasi.

Pwy enillodd? Cwestiwn drachefn,
heb guro drws i dystio
does ateb a rydd ddihareb
sydyn. Tebyg at ei debyg tybed?

Eto, yn acen y cnawd disgynedig
fe'm gedy'n croeni angen,
yn greddfus losgi. Yn ysu wir
am ddathlu yn fethlgnawdol,

a tharo alaw wefusgar
anadlu a charu a churo
y gêm, sy'n hŷn na 'human'.

Thank you Queen, for the stamp on my soap,
for porridge, on time. For threadbare towels,
I'm here for a cause
but found new causes.

Siesta
(in Mexico)

The thumping is following a pattern
on the wall, a long thrashing beat.
'An odd place to sbonk,'
says my son. I don't hear the 's'.

Ebb levels out. Lovetide's in flood
and the raw regularity of pulse
film-projects a bright shower
before the shiver of ecstasy strikes.

Who won? Asking it again
suddenly pops a proverb –
'If nobody knocked at the door to tell it
there'd be no answer to tell.' A draw, I wonder...

Yet, underneath, the accents of flesh
skin me alive with need,
all my instincts on fire. Truly I crave
to celebrate tangled flesh,

and my lips to sing out its tune,
and breathe, and make love, and collide
in the game that is older than 'human'.

Yn eu Cil

A bydd y lleiafrifoedd gyda ni o hyd,
yn llesg a bloesg.
'Does dim byd yma,' meddai'r rhai
oedd yn fy nhywys yno,
ond myned a wnaethom
ar war llwyth,
chwilio edau gyfrodedd,
eu carthenni brith.

Ar un olwg doedd neb adre –
hen wreigan yn ei chwman,
acen grom o fenyw,
yn drwgdybio dieithriaid.

Dim ond llwyth ar fryn,
llond llaw o genedl;
ei hewinedd wedi eu torri
yn cau llaw yn dynn
– plant yn cadw pellter.

Yna'n ddirybudd,
agorwyd drws,
crochan ynghanol llawr,
tân yn mygu,
a hithau'n magu.

Cyn gadael –
daeth ataf â Beibl yn iaith Lat,
dechrau darllen hanes yr Iesu
a'i rieni'n ffoi.

Math o ffoi a wnawn wrth gwrdd â ffydd,
ffoaduriaid â'u ffawd
ar drugaredd tir diffaith;
ei gadael, doler yn ei dwylo,
a phris ei llafaredd
ar dafod cyfieithydd yn troi'n boer.

On the Brink

And the minorities will always be with us,
faint and tongue-tied.
'There's nothing here,' said the people
who were taking me there,
but we went all the same,
on the trail of a tribe,
searching for the thread
interweaving their brindled quilts.

At first sight, there was nobody home –
an old woman, bent over,
a circumflex of a woman –
suspicious of strangers,

only a tribe on a hill
a handful of a nation,
its nails clipped,
closing a hand tightly
– the children keeping their distance –

and then, suddenly,
a door opened –
a cauldron in the middle of the floor,
fire crackling,
arms cradling.

Before I left
she brought me a Bible in the Lat tongue,
began to read the story of Jesus
and his parents fleeing.

Our meeting with faith leads to a fleeing,
our fate is the refugee's –
thrown on the mercy of stony ground –
I left her, a dollar in her hand
the price of her eloquence
turning to spittle on the interpreter's tongue.

Coed Newydd

Wedi disgyn yma
fe ddwedon nhw
fe ddaw'r wlad 'ma at ei choed.
Yna, plygu wnaethon nhw
cyn plannu ar draws gwlad
drefedigaethau cytras, cytûn,
y tamarind a'r eucalyptus,
yn codi'n ddrychau fel y gwelent
drwy'u dail ogoneddau Ffrainc.

Y coed oedd cof eu cenedl,
yn anadlu einioes hanes,
'hi hen, eleni ganed'.

All un goeden byth ag eilio mynydd
ond gall pedair edrych fel bryn.

Ac America a ddaeth dros y mynydd,
hawlio'r awyr a'r cymylau,
troi fforestydd yn ffwrneisi,
rhoi meicroffon o dan fôn,
trosleisio talent yn drais.

Heddiw, sgrap a shrapnel sy'n sownd,
dannedd dur yn y pren yn pydru,
ac yn Ho Chi Minh mae gwagle
lle bu'r tamarind yn tystio'r llysgenhadaeth.

Ei llifio wnaed, i roi llwyfan
i hofrennydd ffugio ei bod yn hyf.

Heddiw, daw plant i blannu coed
a bydd rhuglo ar y rhisgl,
yn flynyddol ddiflino eu gwaith,
cymryd gwreiddiau o ddwylo'r coloneiddwyr
a'u cymell yn ôl i'r pridd – nid cyn pryd.

A ddaw'r wennol yn ôl i'w nyth?
A ddaw'r teigrod eilwaith at hen dylwyth?

New Growth

Having landed here, they said
this country will grow up now.
Then, they bent down
and planted, all over the land,
cognate, contented colonies
of tamarind and eucalyptus,
rising up like mirrors, as they saw
through their leaves the glories of France.

The trees were the memory of their country
breathing the soul of history,
born at dawn, old by dusk.

One tree can never best a mountain
but four trees may look like a hill.

And America came over the mountain,
laid claim to the sky and the clouds,
turned forests into furnaces
bugged the boles of the trees,
overdubbed violence where there'd been voices.

Today, there are scrap and shrapnel stuck
in the trunks, steel tooth-stumps rotting
and in Ho Chi Minh there's an empty space
where the tamarind bore witness to the embassy.

Felled, to give a helicopter
a stage on which to ape bravery.

Today, children come to plant trees
and the bark will be scraped away.
Their work, tireless, from year to year –
to take the roots from the colonists' hands
and coax them back to the soil. It's time.

Will the swallow return to her nest?
Will the tigers return to their ancient tribe?

Dyma wlad a ddaeth at ei choed
ei hun. Gan wybod am y coed
tu hwnt i bren, yn gyhyrau
ar ganghennau iach.

A'r sawl a blanna goed y berllan
a fydd hefyd yn blasu ffrwyth y pren.

Codi Llen – Moscitos

Ddieithryn bach, pa godi llen mewn man estron
sy'n weddus i feidrolyn ofnus
o bob penblethu poenus? A ddeelli di amheuon,

cri'r eiliad yn chwys yr hirnos? Ai ti yw'r heriol
sy'n haerllug am brintio mor noethdlws
ar wasg y dior cyson? Yng nghlust y suo siriol

rhy dyner wyf i, is yr amdo
i'r dynwared am yr uno sy'n llesmeiriol
adenydd diafol, gwedd lân angelito

am ysu cnawd cynnes. Cymell wna'r ildiad oesol
rhwng llesgedd a llosgi. Dy gosi di-gwsg yn trwsglo
o dan fwslin rhyw fysedd sy'n orchfygol.

Ddieithryn annwyl, mor fflamddwyn dy groeso dyfal
am ddethol, hyd at ddathlu. Hyn yw gyrfa
dynolryw. Lled wrthod. Ymollwng i'r unnos ddihafal.

Here's a country which came out of the woods
herself. She knows about the wood that's beyond
mere timber, sinews
on healthy branches.

She who plants orchard trees
will taste of their fruit.

Lifting a Veil
(to a mosquito)

Little stranger, the lifting of a veil in foreign parts,
is this proper for a mortal fearful
of every troublesome quandary? Do you understand the doubts

that fill the moment's outcry in night's sweat heap? Are you
the chancer bold to impress a kiss
on the resistant waist? In the ear, soft sussuration.

I am too tender, under mist, beneath this shroud,
to mimic love's swoon of union,
devil's wings, fair face, angelito

craving warm flesh. It incites the perpetual yielding
between langour and burning. Your sleepless tickling
bumbles under muslin, vulnerable fingers.

Dear stranger, so flaming your persistent welcome,
was it fated? Will there be celebration? Is this humanity's
way? Half-refusing. Grateful for an endless night?

Moscitos – Masocistiaid

A thrwy'r dwyrain pell, bûm yn byw tali
gyda moscitos. Yn mysgu'n ddu a gwyn
lywethau'r awyr benysgafn gyda'u drysu;
pigent bobl o'u serenedd, blasu eu bwyd
heb ddweud gras, boddi mewn diodydd,
gyrru rhai at dabledi. Gwyn. Sur.
Rhoi arswyd yn glefyd benthyg,
tywyllach na'r melyn a'r malaria,
dŵr ar ymennydd neu ôl saethau'r nodwydd.

Ond gwn fod iddynt hwy freuddwydion
pan gânt gyfle i ymgynnull. Ymrithiant,
gan frwyno'r awyr, yn un genedl
ar fin mudo. A chânt urddas, penuchel
o olwg dirmyg byd. Yn lle dinasyddiaeth
eilradd, ar drugaredd heddgeidwaid chwistrellwyr,
mae iddynt dangnefedd, diddedfryd. Brawdoliaeth
ar frig fforestydd glaw. Henaduriaid mygedol
oeddynt unwaith. Heddiw ar herw llygad elw,
hwy yw'r merthyron di-lais,
a'u cronglwyd? Llorion ynghrog.

Diau y daw eu dydd. Gyda phader,
wrth gofio dyddiau gwell yn llechu
dan wadn troed eliffant, fe drigai
cant. Traean cad Catraeth mewn cyfannedd
yn glyd eu goroesiad. Daw eu dydd;
dydd y gwryw cariadus a'i gymar,
hyhi, ddialgar – caiff aros uwchlaw'r ddaear –
yn disgwyl eu tro; yn cynnal breuddwydion
gwib. Eu parasiwtio at wres paradwys.

Mosquitos – Masochists

Throughout the Far East, I shared bed and board
with mosquitos. Undoing, black and white,
the plaits of the giddy air with their perplexing;
they'd prick people out of their tranquillity, taste their food
without saying grace, drown in drinks.
Drove some to take tablets. White. Sour.
Inflicted dread, surrogate disease,
darker than the jaundice and malaria,
water on the brain or the track of the needle's jabs.

But I know that they have dreams
when they get a chance to forgather. They take shape,
turning the air to reeds, as a single nation
poised to emigrate. And they have a lofty dignity,
out of sight of the world's contempt. Instead of second-class
citizenship, at the mercy of sprayer policemen,
peace is theirs, unsentenced. Brotherhood,
on the boughs of the rainforests. They were once
honourable elders. Outlawed today in the eyes of profit
they are the voiceless martyrs.
And their roof-beams? Sagging branches.

Their day no doubt will come. With prayer,
while remembering better days in hiding.
Under the sole of an elephant's foot, a hundred
housed. A third of Catraeth's troop in residence,
snugly surviving. Their day will come,
the day of the affectionate male, though his mate's
so vindictive. They will stay above the earth,
awaiting their turn. Sustaining flitting
dreams. Parachuted to their paradise.

Bron â Boddi

Yn blentyn, ofnwn y dyfnfor,
dylyfu gên y don fel pe'n disgwyl
cyffro rhyw ddigwyddiad
matru'r heli o dan fwa'r haul.

Fe awn,
fel aelod o'r Gobeithlu,
dynesu ato'n dyner wisgi:
'Arglwydd Iesu dysg im nofio
yn y byd fel yn y bae.'

Ond llaw mam oedd y lluman,
ym meingefn y traeth, yn fy nwrdio
rhag mynd mas o 'nyfnder,
yr hanner saliwt dros ael
a wnâi imi wybod nad oedd gofod
rhag gorofalwch ei chariad.

Cofio 'nhad hefyd yn ei dysgu
sut oedd marchogaeth y don,
ei law o dan ei gên yn ei harwain,
nes diflannu'n sydyn,
a'i gadael i fwldagu,
rihyrsal boddi ar y traeth yng Ngŵyr,
ninnau'n hael ein chwerthin am nad oedd y môr
yn ddigon cryf i'w chadw i fyny.

Ond hwyr brynhawn ydoedd
a minnau ymhell o gannwyll llygad cartre –
mewn môr a enwyd yn Dawel fôr,
ymlacio ar war y tonnau
gyda'i weniaith yn pellebru uwch y glas,
wrth im arnofio mor eofn,
symud at aeddfedrwydd y cefnfor,
hŷn na hanes yn gydymaith.

Nearly Drowning

As a child, I feared the deep,
the yawning of the waves, as though awaiting
the excitement of 'something happening',
flinging the brine beneath the bow of the sun.

I would go
like a member of the Band of Hope,
approach it softly, on guard:
'Lord Jesus, teach me to swim
in the world as in the bay.'

But my mother's hand was the flag
at the back of the beach, scolding me
not to go out of my depth.
The half salute over the brow
made me know there was no space
clear of her love's exceeding care.

I remember, too, my father teaching her
how to ride the wave,
his hand underneath her chin, guiding,
before his shocking disappearance
left her spluttering,
a rehearsal for drowning, on a beach in Gower,
with hearty laughter because the sea
wasn't strong enough to hold her up!

But it was late afternoon,
and I was far from home
in a sea called Pacific:
relaxing on the nape of the waves,
the blue of the current cajoling
as I floated in the fearless
maturity of middle age, the ocean,
older than history, a comrade.

Yna'n sydyn, wrth im droi cefn
araf ddynesu at wefus y lan
dyma lam a dwy law sydyn
yn fy nhynnu i lawr yn y llif,
ffroenwn angau odano
yn gyffion amdanaf,
sen ar fy asennau
na allwn yn wir ddygymod â'i wawd.

Yna am eiliad, dyma lwyddo,
hanner codi nes i don arall
waldio'r llall a'm chwipio o le i le:
y Pasiffig yn ffusto yn ffrochwyllt
yn erbyn glas arall nen.

Ond rywfodd, rywsut, dyma deimlo'r swnd
gydag un garanfys gan wthio'i gefn crwca
oddi arnaf, a'i daflu'n ei gynddaredd –
a chael fy hun ar lan, yn gyfan, yn syfrdan,
yn anadlu, yn eiddo ar ysgyfaint,
blas byw ar fin fel y bwi ar grysbais y môr.

Y tro hwn, o'm cwmpas
nid oedd yno law geryddgar,
na wyneb pryder, dim ond parti tawel:
dieithriaid yn yfed tequila yn yr haul.

Unwaith, mawr hyderaf,
y daw'r hendro wysg fy nghefn, a'r eiliad ansicr
bron â boddi
a'i wagle ar wegil
a'r sicrwydd sydyn ond sad –

bod i natur ei thymer ei hun,
ac na allwn fel rhai meidrol
ond derbyn ei medredd –
mor ddilef yw'r anghynefin,
brau fel broc môr,
yn nannedd tempo'r don,
pan awn allan o'n dyfnder
yng nghanol cefnfor bywyd.

44

Then suddenly, as I turned my back,
making of my own accord towards the shore-line,
a sudden leap, and two hard white hands
pinning me down in the flood:
I scented death beneath it,
the smell of the brine shackles,
I could not come to grips with
the elements taunting my ribs.

Then, for a second, success,
half rising, before another wave
mimicked the first and whipped me from place to place,
the Pacific frothing and fuming
against the blue of the heavens.

But somehow, some way, I'm touching the sand
with a single index finger, pushing the ocean
off me, the loathsome lunge, far off,
and I see myself on shore, bewildered,
breathing, possessed of lungs,
the taste of life on my lip, like a buoy on the rim of the sea.

This time, in my surroundings,
there was no scolding finger,
no anxious face, only a private party
of strangers drinking tequila in the sunshine.

Only once, I devoutly hope,
will it come from behind, the unsure moment
of nearly drowning,
with its void,
the sudden but certain proof

that nature has a temperament of its own
which mortals can only accept,
and how voiceless is the unfamiliar,
fragile as flotsam
in the tempo of the tide,
when we go out of our depth
in the middle of life's ocean.

Pomgranadau

Bob hydref deuent at bomgranadau
a'u rhannu rhyngddynt, yn ddarnau,
mwynhau eu llygaid gwangoch
a'u celloedd yn llawn cellwair
a'r byd o'u cwmpas, yn gwirioni
derbyn aelodau'n arllwys eu llifeiriant,
cynulliad, addewidion llawn
oeddynt, ar wahân, cyn eu rhyddhau o'u conglau.

Un dydd, cawsant gerydd
am eu bwyta mor gyhoeddus,
'ffrwyth i'w rannu yn y dirgel yw,'
meddai'r surbwch wrth eu gwylio;
gruddiau ffrwythau'n gwrido
nes torri'n wawch o chwerthin mewn dwrn.

Un hydref, ag ef wrtho'i hunan
rhythodd ar y ffrwythau
fu'n serchus hyd at benrhyddid,
celloedd eraill a welodd, coch ei lygaid,
collodd awydd eu torri â chyllell ei hiraeth.

Meddyliodd am y cynrhon a'u cynllwyn.

Safodd yno'n syn
ac yn lle delwedd
ar lun angerdd
gwelodd –

gryndod a'i henw'n grenêd.

Ambr
(i Tony Conran)

O bob maen, nid oes namyn ambr
a dwria awch yr awen ddi-aer.
Dynesaf ati, yr ystôr goeth

Pomegranates

In autumn, always pomegranates
to break between them, portions
relished for their rose-red eyes,
cells flowing with foolery
in a world infatuated.
They take each flood-drenched limb
brimful of promises,
prise each seed from its corner.

One day they were told off
for feasting so openly,
'They should do it in private,'
scowled someone sourly at the sight
of fruit's flushed cheeks bursting
to screams of laughter in their fists.

Then one autumn alone
he stared at the fruit
that had been such easy love,
saw other cells, the red of their eyes,
lost all his taste to slice them
with need's knife.

He thought of the conspiracy of the maggot,

stood dazed,
and where had been
the symbol of desire
he saw –

a quivering grenade.

Amber
(for Tony Conran)

Out of rock, nothing but amber,
the trapped and airless gift delved out of need.
I come to it, that refined store,

arbed ei chythru'n farus, yn ôl arfer aur
diolch am ei dal a'i dathlu'n lliw a berthyn
yn ddieithr i gynfyd dan dalpfyd tlawd.

Adnabod hon, annarogan yw, yn sawru athrylith
sy'n amgáu profiad, a'r pry, mor oesol fân
wrth ystwyrian, gyda sglein i wehelyth nos
yr enaid, a'u gwefrau'n ffaglu ffydd,
yr egni dirgel agored er aflonydd
cyn cloi yn gyffion cain dros arddwrn frau.

Glain yw hon, heb olion bysedd,
ond codiad haul yn crynhoi,
yn wasgfa o orfoledd.

Cyfrinachau

No slave lasted long. Sooner or later their lungs burst:
a stream of blood rose to the surface instead of the diver.
            — EDUARDO GALEANO

yn y dwfn, dirgelwch seiniau a gân
wrth ddwyso'r eigion, ffromi'r Tawelfor
cyfrinach goch dan glawr wystrysen lân.

un p'nawn, yn gegrwth rhyw donnau mân
cyn disgwyl cyffro, wrth i'r haul ymlâdd
yn y dwfn, dirgelwch seiniau a gân.

mewn gwaneg, dwy law megis tafliad sân,
a'm trosi'n donnau lle ffroenwn angau'n ffraeth,
cyfrinach goch dan glawr wystrysen lân.

a'r heli'n hawlio'r prae, ei feingefn a'u gwân
gan ffaglu'r meidrol i'r cloeon dan fôr,
yn y dwfn, dirgelwch seiniau a gân.

sawl perl a gollwyd i'r lli'n groes i'r grân
sawl alaw gollodd anal, i'r du ei lais?
yn y dwfn, dirgelwch seiniau a gân
cyfrinach goch dan glawr wystrysen lân.

relished like gold as it has always been
for its price, its colour that belongs strangely
to the cold stone of prehistory.

To know it, that shocking gasp of light,
is to catch the breath. And the fly, so small, perpetual,
frets burnished in that long night
of the soul. Amber that fires faith
in secret work, restlessly opening
before the bright chains lock round brittle bone.

Gem without fingerprint,
its glowing sunrise
is a pang of joy.

Secrets

No slave lasted long. Sooner or later their lungs burst:
a stream of blood rose to the surface instead of the diver.
EDUARDO GALEANO

in the deep, a mystery of sounds will sing
as the ocean compresses, the Pacific rages,
a red secret beneath the pure oyster lid.

one afternoon, some ripples were gaping,
awaiting a stir, as the sun wore out –
in the deep, a mystery of sounds will sing.

in a swell, two hands like an outflung net,
and I'm tossed in waves where I scented death,
a red secret beneath the pure oyster lid.

when the brine claims the prey, the small of its back
will stab them, snaring mortals in undersea locks –
in the deep, a mystery of sounds will sing.

how many pearls have been lost to the flood, against the grain,
how many tunes lost their breath to that black voice:
in the deep, a mystery of sounds will sing
a red secret beneath the pure oyster lid.

Diwinyddiaeth Gwallt

I *Diwinyddiaeth Gwallt*

Deuthum ger dy fron â phlethiadau syml
yn forwyn goeslaes, yn Fair na faliai
bod eu cadwynau'n glymau dan rubanau.
Un oedd fy nghorun, â'r gwallt a lithrai

dros sedd galed cysegr, yn ffrwst rhaeadrau,
a'u diferion yn tasgu wrth droi a disgyn
dros lintel dal cymun, ac yswn am ei deimlo
a'i blethu'n gywrain, llanw'r awr wrth estyn,

at ryfeddod genethig. Yn hafau o gyfrwyau
a garlamai ar fy ôl wrth gipio fy anadl,
rhedeg hyd y gelltydd a'r gwylliaid o walltfeydd
yn herwa dros fochau nes troi'n destun dadl,

minnau'n ffoli ar ei egni. Eurwallt y forwyn
yn llithrig ysgathru 'nghnawd, a'i flys ar ryddid,
a weithiau trown yn ufudd mewn dull breninesgar
gan blannu dros glust, hanner llygad gwyddfid.

Pa aflwydd a ddaeth iddo? Hyd heddiw – tresi penrhydd
yw cyffro brwd ieuenctid nes plyga'n lled amharchus,
ai'r fforestydd dirgel ynddo oedd achos mawr y drysu
gan awdurdodol rai a'i trodd yn drwch anweddus?

Ac eto, Ysbryd Glân, oni roddaist in ei ddathlu:
y pennad gwallt. Yn gorun llawn. Yn dlysni,
i'w drin yn ddethol. Yn grychiog gnwd gusanau
pa anfoes oedd – dychymygion am gefnoethni

dros groen? Troi rhai ar dân? Ai atalnwyd llawn
i'w docio'n grop? Llyffethair ar lywethau
rhag disgyn ar fron. Rhag codi angerdd a'i hagor –
gwalltddrylliad fu. Cael ynys neb ei gwefrau.

The Theology of Hair

I *The Theology of Hair*

I came before you with simple plaits,
a long-legged maid, a lass who couldn't care less
that her sheaves were all bound up with ribbons,
for wasn't the hair on my head like the hair which foamed

over the hard pew-back with a rustle like rivers,
drops shivering as it arced and fell
over the communion shelf, and I ached to touch it,
to twine it in patterns, to fill up that hour
        by reaching out to a girlish wonder.

It made me think of summers full of imaginary ponies
galloping after me, taking my breath away
as I cantered over hills, and the banditti-like bangs
outlawed their way over my cheeks. There were arguments,

but I loved my hair's energy. Golden moss
like maidenhair stroked my skin, longing to escape
and sometimes, obediently, regally, I would tease
a kiss-curl like honeysuckle over one cheek.

Why that fate for it? To this day, youth loves
the life-force of hair, the way it kinks a little.
Was it the secret forests in it which fuddled the ones above?
They called it a dark thicket.

And yet, O Holy Spirit, didn't you give us the gift
of praising it, this headful of hair. This full crown, these tresses,
to be prettily dressed? What harm could there be
in this crinkly, kissable harvest? They imagined it

tumbling over naked backs, charging desire. But cropping –
a full stop to lust's sentence? Locks tied back from breasts.
To leash passion, there was a hair-wreck.
I washed up on a deserted and sensuous strand.

II *Coron Merch*
(*i Maura Dooley*)

Coron geneth oedd y llen ar ei chorun,
fe godai gwallt ei phen,
i weled ar led, ar war, baradwys ohono,
gwrthryfel styfnig yn y gwynt.

Amdanaf innau, pengrwn own,
ym myddin y pensythwyr,
y rhai a ymlafnent, yn hwyr y nos
a'i gosi gyda chlipiau, cris croesau,
nes tonni. Iro saim i'w lonni,
arteithio ambell hirnos,
ar obennydd o sglefrolion,
er mwyn deffro, i'r un cribad –
a'r ambell ewyn o gyrl
yn llipa lonydd grogi dros glust.

Mewn man arall, fy nghyfaill crinwalltog
yn smwddio ei thonnau drycinog,
yn taenu rhediadau dros wanegau llyfn,
a'r gwylltion, yn sownd dan bapur brown,
sawr rhuddo ei mwng yn cyrraedd ffroen,
a'r tonnau'n gerrynt, yn crimpio yn erbyn y lli,
gyda'r penflingad blin.

Dianwes yw hanesion gwallt:
ei hoen. A'i ddirboen. Nes y daw
ei berchennog i'w dderbyn,
talog dros ei heddwch
yn erbyn chwiorydd:
a'u hunig uchelgais tynnu gwynt o'u gwalltiau.

III *Problem Duwdod*

Oblegid fy nghoron, des i amau'r Gair
a gallu diwinyddwyr gwallt
i'w docio. Gyda raser a chyllell

II *Crowning Glory*
(for Maura Dooley)

A headful of hair was a girl's crowning glory.
It made her hair stand on end
to see the paradise of it fan over her nape,
a stubborn standard waving on the wind.

As for me, I was a roundhead,
one of the new model army of hair-straighteners,
those who laboured, late at night
titivating it with criss-crossed clips
until it waved. Anointing it with mousse to perk it up,
torturing myself by night
on a pillow of rollers,
then waking to the combing-out
and a faint foam of curl
hanging limply over one ear.

Meanwhile, my curly-headed friend
was ironing her stormy tresses,
running steel over smooth sheets,
her wild tendrils safely trussed up in brown paper,
the scorch of her mane scenting her nostrils.
Her waves a strong current, she crimped on against the tide,
a cruel scalping.

The little histories of hair are untold:
its bounciness. The pain it brings,
until its owner comes to accept it,
this fringe between sisters.
Their only ambition is to trim our sails.

III *A God-Problem*

Because of my crown, I came to doubt the Word,
and the power of trichologians
to trim it.

fe ddarnion nhw fodrwyau o feidroldeb.
'Diadell o eifr ar fynydd Gilead.'
'Gwallt fel porffor sydd iddi'n fantell.'
'Canys os gwraig ni wisg am ei chorun,
cneifier hi hefyd, ac os brwnt yw iddi
y cam hynny, eillied hi.'
Aberth ar allor oedd ei chudynnau,
tynnu gwraig gerfydd ei gwallt a'i llusgo
i gorlan? Gan fugeiliaid? Oedden nhw'n benfoelion?

Mewn hunllefau ger dy allor
mi welwn wraig wedi ei blingo
yn cael ei boddi'n wrach;
coltar a phlu
pob blewyn wedi ei blycio,
merch arall sy'n estyn drosti
yn staeniau pŵl;
yna, try'n Esther sy'n gosod dom a llaid
yn lle peraroglau drud.

Iesu, beth ddwedi heddi
wrth y sawl tu ôl i lenni.
A oes lle i ni yn dy gysegr di?

Eiddig ydym am glywed y ddameg
lle gadewaist bechadur
i sychu dy draed â'i hirdrwch
heb i neb ei rhwystro –
Neb.

IV *Mamiaith*

Heniaith mam a merch.

Ar adeg salwch, byddai yno
yn cledru talcen,
dwrdio cudyn i ffwrdd,
yn tylino'r dwymyn yn fy ngwallt,
ei fwytho nes imi gysgu.

54

They sheared long curls of mortality
with their razors and knives.
'A flock of goats on the mountains of Gilead.'
'Her hair is like unto a mantle of porphyry.'
'If a woman should go bare-headed, she shall be shorn,
and if this step
be distasteful to her, she shall be shaved as well.'
Should a woman be dragged by her hair to a fold
as a lamb to the slaughter? By shepherds? Were they bald?

Standing before your altar,
in my worst nightmares, I see
a woman, shorn, being drowned as a witch,
each single hair plucked out;
another girl reaches out to her,
she is tarred and feathered in dark stains;
she turns into Esther, offers shit and mud
instead of rare perfumes.

Jesus, what would you say today
to women who wear veils?
Is there a place for us in your sanctum?

We long to hear that story
again and again. The one about a sinner.
You let her dry your feet
with the unfettered beauty of her hair
and nobody stopped her. Nobody.

IV *Mother Tongue*

The old language between mother and daughter.

At times of sickness, she'd be there,
her palm flat on my forehead,
chasing a curl away,
kneading the fever which frothed in my hair,
stroking it until I fell asleep.

Dyddiau hoen hefyd, minnau'n hŷn
gwingwn at fy asennau
wrth iddi dwtio 'ngwallt
fel tawn i'n ddoli glwt;
osgoi mellt sydyn, dur ei llaw.

Ond heddi, deallaf yn iawn
mai heniaith mam a merch yw,
yn fys cymhennu cariad
â chudyn, fel dal ddoe'r hedyn,

y cyffwrdd mewn byd o foelni
un blewyn o grinwallt aur;
a'i arwyddair yw fy nhlysni
pob euryn dros ael yn goethyn,

a doi, fe ddoi un dydd
f'anwylyn, pan fyddi'n benwyn,
i fethu'r ysu am anadl
y cnwd ddaeth o'th gnawd – trwch blewyn.

VI *Trinydd Gwallt*

> *God himself dressed Eve's hair that the first woman
> might better please the first man*
> — JEWISH LEGEND

A gwisgodd amdani gaeau ŷd o wallt,
a'u cywain, yn eu pryd, yn gnydau cymen uwch ei gwedd.
Onid dyna'r clipad cyntaf sydd inni o fanylu'r Creu,
y Duw-cywrain, yn ei barlwr trin gwallt ar gwr Eden
yn gweini'n garcus uwchlaw ei hysgwyddau
gan hymian rhyw gân wrth ddiffinio'r chwiliores:
cyrliau'n haid o wenyn meirch, un funud yn suo
a'r nesa'n anweddu'n fyrlymau mewn gwlith-law;
llinynnau tynn wedyn o ddail tafol nes gweithio modrwyau aur
o'i chwmpas, ac iro ei phen ag aloes yn baradwys danlli-bêr,
cusanau sydyn o gudynnau, rhai'n weflog hirhoedlog
yn canu fel clychau'r gog ar ei gwar, weithian yn ddrymiau bongo –
masgl hollt cnau yr areca wedi eu lluchio mewn hwyrnos gwig.

On the good days, too, when I'd grown older,
it made me cringe to the marrow of my bones
when she tidied my hair
as if I were a rag doll.
I avoided her hand, cold as steel, sudden lightning.

Now I realise at last what it was:
the old language between mother and daughter,
a fingerpost to love in a lock.
It's like holding a seed's past,

that touch, in a naked world,
of a strand of curly gold,
the emblem of my pride,
each strand on your brow rejoicing.

And yes, my loved one, one day
when your hair is white,
you will crave the hair's breadth of breath,
the fruit of your flesh.

VI *Hairdresser*

> God himself dressed Eve's hair that the first woman
> might better please the first man
>   — JEWISH LEGEND

And he dressed her with cornfields of hair
gathering their ripeness, neat sheaves about her face.
Isn't this our first detailed glimpse of creation?
Fastidious God in his parlour at the edge of Eden
tenderly working over her shoulders,
humming a song as he fashioned the honeycomb,
her curls laden one moment with murmuring bees,
the next bursting bubbles of dew-rain,
strung dock-leaves worked into ringlets of gold
about her, oiling her hair with aloe in a new-made paradise.
Brief kiss-curls, some lipped and longlasting
singing like bluebells on her nape, some bongo drums,
areca shells cast in the forest's dark night.

Mingamodd lethrau ei gwallt, rhedeg bysedd trwy raniad syth
ei phen. Taenu rhubanau o frethyn eilban amdani gyda balchder.
Un a greodd ddarlun o ryfeddod. Traethu'n barhaus
cyn dangos iddi, mewn drych ôl ym mhwll yr hwyaid
a drych blaen nant mewn colbren – yr un twtiad ola'
cyn dwrdio mân flew i ffwrdd, gydag ysgub cefn ei law.

Daeth Adda heibio. Edrych yn syn ar glystyrau'r mafon
aeddfed. Yn aros eu blasu. Eisteddodd yn ei chadair-foncyff.
Yn lle gorfoledd gwancus gofynnodd am wasanaeth:
chwennych coron hafal i'w chorun hi!

Ac am ddwy fil o flynyddoedd gadawodd ei hogfaen
i rydu. Gadael y greadigaeth heb barlwr;
oherwydd hollti blew y ddynoliaeth am ragoriaeth –
rhoddodd, unwaith, goron ddrain, ar fab, yn ddychan
am ddiffyg diolch dynion. A phlannodd sofl a gwrych
ar ên, dan drwyn, mewn clustiau. Gan adael iddo
foeli'n araf deg, drwy'i fywyd, am fynnu *mwy* o drwch,

gan adael rhimyn crwn yn llwybr cerdded
ar ymyl ambell glopa diwallt,
yn atgo am foelni y ffolyn cynta,
a dynnodd nadredd llysnafog am ei ben.

*   *   *

Spit-curled, fingers running straight furrows
on her head, bound and ribboned with a second cloth of pride.
He created a marvel. How he went on and on
before he let her look, with a duckpond mirror behind
and a hollow-tree pool mirror in front. That last touch
before fussing small hairs away with the brush of his hand.

Adam came by, stunned by the clusters of raspberries
ripe for the tasting. He sat in her tree chair
and instead of expressing delight he asked for service,
craving a crown to match hers.

So for two thousand years he let his stone blade
rust. Left creation without a beauty-parlour.
Because of the hair-splitting human gripe about beauty
he gave his son a satirical crown of thorns
for man's ingratitude, planted stubble and hedge
on his chin, in his nose, in his ears, and let him
grow balder as long as he lived for his jealous greed for hair,

just a rim, just enough to go round
the edge of his hairless skull
to remind him of the first fool
who brought down snake-spit on his head.

*   *   *

Enwi Duw

God is just a name for my desire.
— R. ALVES

Tacsi.

Codi llaw am dacsi. A bydd yno. Weithiau'n segura,
yn byseddu'r oriau. Edrych yn ei ddrych ôl
am yr hyn a fu. Ac o'i flaen y sgrin wynt
sydd rhyngom. A'r nos dinboeth.

Fe ddaeth unwaith. Gweld crwybr ei fetel
yn felgawod. Nid ymwthia nac arafu
na choegio siarad gwag. Rhwng gwter a phalmant
cerddais nes ymlâdd. Ochrgamu'r dorf.

Alltud unwaith eto. Ar drugaredd amser,
yn ofni'r anghynnes ddynesiad. Osgoi trem
ysgogi. Yna, aros. Atal fy niffyg hyder.
Cerbyd i'r sawl sy'n swil neu'n swagro yw.

Nid yw'n holi cwestiynau. Cymer fy nghais
o ddifri. Hwn oedd y tacsi perffaith
yn troi'r sedd wag ochr draw imi yn seintwar
yn deml syml. Temenos. Yn Seiat ddiarweiniad.

Chwiliaf am yr un tacsi o hyd. Ond cerbydau eraill
a'i goddiwedda. Cynnig siwrne a hanner
am lai. Mae pris ei dacsi'n rhy ddrud imi ei ddal
a'r enaid yn cintach talu'r cildwrn.

Amlach na pheidio, aros nes disgwyl a wna
ar ddiwedd y ciw. Gŵyr wewyr pob aros:
sefyllian wrtho'i hun; disgwyl i'r llaw nesa
godi. Esgyn. Estyn am y drws agored.

Os dewiswn afaelfach ei fynd a'i ddyfod
bydd yn gosod ei gloc, yn ras â'r oriog –
aros neu ddisgwyl; disgwyl nes aros – a'i rin
fydd man cychwyn y siwrne ar ein rhiniog.

The Many Names of God

God is just a name for my desire.
— R. ALVES

Taxi.

I hail a taxi. And he's there. Sometimes he idles,
fumbling through the hours. Looking in his rear mirror
for what's been and gone. And before him, the windscreen's
between us. That and the panting night.

He came once. I saw the reflection of his honeycombed metal,
He isn't forward, didn't slow down,
didn't make empty conversation. Walk? Until I nearly dropped
between the gutter and the pavement. I sidestepped the crowd.

An exile again. At the mercy of time,
fearing a cold come-on. Avoiding a gaze,
evading contact. Then I stop. Take hold of myself.
This motor's for everyone, be she bold or shy.

He asks no questions. He takes my request
seriously. This was the perfect taxi,
the empty seat opposite me, a sanctuary
a simple temple. Temenos. Confessional with no priest.

I'm always looking for that same taxi. But other cabs
speed by. Offering a longer journey, cut price.
His taxi's too dear for me. My soul
begrudges the tip.

More often than not, his wait turns to expectation
at the end of the queue. He knows the agony
of standing around. He waits for the next upturned hand
to rise, reaching for the open door.

If we grasp the handle of his coming and going
he'll set his clock; the stopping and the waiting
race by; we're still expecting something when we stop –
in the journey's beginning on our new threshold.

Llysenwau

(Dewa)

Dduw, bûm yn chwilio llysenwau iti
fydde'n daniad ohonot.
Yn y bore – gwlithen wyt
sy'n cronni glas llygad. Clipad
amrant. Yna nid wyt. Dychweli
i'r anweledig dlodi roist iti
dy hun. Gwlithen fesul gwlithen
anwedda pan yw'r gwallau
yn codi'n gread llawn glosau.

Gwlithen arall wyt yn y cyfnos,
llysnafedd arian yn llwch gwyn
gan adael llwybr ara deg
i ymrafael â sangiadau dyn.
Y byd yw dy gragen
a'th ollyngodd i'r llaid –
eto, ariangylchu a wnei

cyn dychwel i'r lleithder,
lle mae'r gwair
yn dal dy ddagrau gyda'r gwlydd.

Pysgotwr

Ar dir sych,
tu ôl i ddesg, yn ddisgybl;
coler crys agored
cil ei galon ar gau.
Amrant, a thry'r tatŵ
ar ei freichiau'n destun storm,
geiriau sarrug yn afledneisio'r aer,
achosi mellt,
o lucheden i loches,
amynedd gofalydd a orfu.

Nicknames
(Dewa)

God, I have been finding names for you,
ones that would conjure your presence.
In the morning you are a single drop of dew
which shrinks small as an iris. In the blink
of an eye you are gone. You return
into that invisible poverty you have granted yourself.
You evaporate, drop by drop. Our errors
refract to a creation wound round with explanations.

At dusk, you're a snail's trace,
a silver trail of pale dust,
leaving a slow swathe
to trip and snare men's trampling feet.
The world is a shell;
it has left you in the mud
yet still you turn in your silver toils

before returning to the moist place
where the grass-blades
cup your tears on their stalks.

Fisherman

On dry land,
behind a desk, he's a pupil;
his shirt-collar open,
no chink in his heart's door.
In the blink of an eye, the tattoo
on his arm whips up a tempest:
sarcasm splinters the air
to lightning –
sheltering from a bolt,
the teacher perseveres, wins out.

Wedi'r ddrycin, daeth bwa:
magnetau ei lygaid
yn dal ynof a'm tynnu
i deimlo ei wialen bysgota,
bysedd am fy mysedd,
wrth iddo fy nysgu i'w thaflu –
wynebu'n falch, eiddigedd y lli.

Daliodd fy llaw yn dyner,
o dan glicied, tynnu llinyn,
brolio ei lwyddiannau,
ef, na ddaliodd aelwyd,
na thymer i'w bentymor,
llai fyth, dal cariad, yn haig:
ei galon ollyngwyd
drwy rwyllau'r rhwyd.

'Ddowch chi 'nôl i 'ngweld?' gofynnodd,
addewid yn fy nal, fel y daliodd
fy anadl am oriau'r bore hwnnw,
anadl leiniwyd ag angerdd;
un ddalfa hir yw bywyd
a'i abwyd,
am daflu i ffwrdd, a thynnu atom

gariad. Ac weithiau daw'r lein i'r lan –
heb ddim. Un faneg weddw;
yn y distawrwydd hwnnw, dim ond ffunen
oedd rhyngom a pherthyn –
wrth chwildroi'n ddychmygus i'r anwybod,
lle mae pysgod llithrig yn sleifio heibio.
Ac ambell un pitw, o'i ddal
yn cael ei daflu 'nôl ar fronnau'r môr.

After the storm, a rainbow.
His eyes, like magnets,
hold me, drawing me on
to feel his fishing-rod,
his fingers around mine
as he teaches me to cast:
facing the jealous waves filled with pride.

He held my hand gently
under the reel. Pulled the line,
boasted about his catches, he,
who'd never landed a home,
(never kept his temper long enough,
never mind catching a shoalful of love).
His heart had slipped through
the holes in the net.

'Will you come and see me again?' he asked,
a promise hooking me, as it had hooked, and held,
my breath for hours that morning,
my breath drawn in by passion.
Life is a long fishing,
baited
to cast love off, to spin love in again,

and sometimes we draw the line to shore,
empty. Only a widowed glove;
and in that silence there was only a rod's breadth
between us and belonging –
as we span, in our imagination, down to those depths
where slippery fish go slithering past.
Where they throw tiddlers
back on the sea's breasts.

Colomennod Cwm

Yn crugo'r mynydd mae rhes o gytiau sgwâr
cytseiniaid sy'n clecian i glust y gwynt
yn gollwng i'r awyr eu hadenydd gwâr.

Maent yno'n ddisyfl, pileri ar fryn,
cynheiliaid rhyw gwysi yn gymen eu pridd,
yn noddfa uwch daear yn y parthau hyn.

Sawl colomen ehedodd o'r dalar i'r nos
a tharo pell lannerch gyda'r sôn dan ei phig
am segurdod y lofa a'r gymuned glòs?

Adar trugaredd, maent hwy'n dal yn driw
wrth herio'r entrychion o fyd mater bras
cyn disgyn i'r darren heb elw na chwiw.

Angylion ffurfafen wedi'r cyfan ydynt hwy:
symbolau o ansymudolrwydd eu plwy.

Prynu Mannau Claddu

Os yw byw'n ddrud, mae marw'n grocbris
a'r mudo maes o law, yn ddiwladwriaeth.
Eto, deiliaid a ddônt i'r wlad i brynu darn
a'i gadw, yr eco am y dydd diecoleg
pan ddaw. Ym mhlwy tragwyddoldeb mae gris
ar y graean a deflir ar allanfa sgwâr.

Buont eisoes yn trefnu'r libart. Er mor haelionus
yw marwolaeth, rhaid talu treth sicrwydd
hirhoedledd ar dalar. Yn betryalau trech
na phris petrus y farchnad. Cwr dethol solet
uwch briweg y cerrig. Cyn codi maen clais, un du.

Pigeons in Ebbw Vale

Heaped on the mountain a terraced row of huts,
hard consonants in the wind's ear,
releasing their mild wings into the air.

Still columns on the hill restore
the tidiness of furrows to the earth,
solace above ground in a place like this.

How many have flown into the night from this acre,
striking a distant valley with a message –
the silence of the mine and its close people.

Birds of mercy, fidelity,
daring the clouds from the world of matter
before they touch down on a hill without will or reward.

Sky angels. Symbols
of a valley's immobility.

Burial Grounds

The cost of living's sky-high; dying will bleed you dry,
yet death, when he does come, has no dominions.
And still his tenants trek to the country,
looking to buy a piece for keeps –
foretales of a day when ecology won't matter.
In eternity's parish the gravel strewn
on that squared-off exit's a stepping-stone.

They've already staked out their demesne. And though death
is generous, they'll pay the levy asked
as long as they can stay on God's acre.
These rectangles look safer than market variables,
solid set-asides under the stonecrop. Then they'll rear that dark marble.

Nid dinod mo'r paratoadau. Rhaid mynnu
cysgodle dyrchafedig. Achub y cyfle ar eiddo
a rydd gysur am einioes. Ys dywedir, er byw'n dda,
bu ei farw'n well na'r cyffredin. Amred
ei drigle am dragwyddoldeb. A daw'r wraig ato, draw

i fyw ar ei gefn. Dyma'r coloneiddwyr newydd sy'n hawlio
eu lle. Yn codi brad ar bridd. Uwch erwau cyfyng.
Ond siawns y bydd wincio'r gwahaddod arnynt
a chlustiau'r derw'n fain wrth gyrraedd gwyliau sad,
a'r cyrafon ar y cyrion yn canu hen alawgerdd y llwyni
am fuddsoddiad mor ansylweddol. Yn suo – 'Piau'r beddau?'

Canwr ar y Siwrne Serth

Mae croeso gwên derbynnydd gwesty yn gariad
i gyd. Ar siwrne serth ymrithia'n allor
a gynnig allwedd i baradwys pob ffŵl.
Y neb a chi fydd yn ei nabod. Dros dro. Ymhell o dre
at luniaeth a ragluniaethwyd.

Ffin saff yn ôl fy ffansi.
Es yno fy hunan. Gadael gofalydd dros dro
gyda mam a'i ffrasys. Hi fu'n elino
fy nyddiau. Digon am einioes yw ei grŵn
am ffieiddglwyfau moes yr oes sy ddreng.
Collais flas ar wylio ffilmiau. Ei gwau a'i gweill
yn stofi pob cnawd. Mor unbenaethol.
Yna byddai'n cyfri rhesi'r gwau a'r geiriau mawr,
edliw talu am y teledu. Arhoswn weithiau nes âi i'w gwely,
fi, wyfyn yn dal tro'r golau. Ei gweld i'w llofft
cyn cael cynffon ambell raglen gloff.

The preparations aren't modest. He requires
a well-set-up shelter, so he seizes the chance
to snap up a property that's his for life.
As they say, he lived well, but he died better
than most of us. His mansion's measure is forever.
And then his wife will arrive, cuddle up close to him.

These are the new colonists, who demand
a space. Who buy the betrayal of earth above cramped acres.
But I don't doubt
the moles will wink at them, the oak trees bend to listen
on their one, everlasting feast-day,
and the berries on the fringe will sing
the old laments of the bushes
over this unsafe investment, whispering: 'Who owns this grave?'

Singer on a Slippery Slope

The hotel receptionist's smile lights up like a lover's.
On your long journey it rises up like an altar.
It offers the key to every fool's paradise,
and no one but you need know. It's temporary. Far from home,
you turn and see a banquet laid,
and you're the one that sets the rules.

I went there myself. I left someone to mind
mam and her moans. She, who knocks
my days into shape. Her whingeing about this
abcessed age we live in will last me for life.
I lost the taste for watching films. Her knitting
and needles drew the wool over all that flesh. So dictatorial.
She'd count the swear-words along with the stitches,
begrudging the licence fee. Sometimes I'd wait till she'd gone to bed,
me, a moth trying to catch the light. Watch her to her room
before catching the tail-end of some jerk-off programme.

Ond heno. Cloi drws a wnes. Estyn gwin
at wefus risial. Ar fwrdd rhwng dau wely
tynnu'r fideo o'i wasgod. A do –
gallu ymgolli. Ymorwedd gyda nhw –
gïeuol dystio i'r aelodau'n rhannu.
Cau gwrthod.

Aml y bûm yn meddwl pam y caewn lygaid
yng nghanol ecstasi. Addoli, a charu
yr un ydyw yn y bôn. Mynd yn dywyll
at ryw oleuni. A pham, yn wyneb adfyd
neu feunyddioldebau mor llygad agored yr ŷm.
Fiw imi siarad fel yna gyda hi –
fe ddywedai mai pryfed llwyd yw'r print sy ar lyfrau.

Fe'i gwyliais nes i'r cysur droi'n gesair. Un noson
bob hyn a hyn yw gwarineb. Lordio'n rhydd
ymysg dieithriaid. Ni wyddan nhw beth ydw i.
Ond myn pob un ei dangnef ei hun. Dyna ddyweda i,
dyma'r oes pan yw dieithredd yn bleser. Perthyn yn
aberth.

Allan mae hwyrwest yn y lle hwn,
merched mewn leicra yn aros eu marcho,
dynion am ddangos eu dawn amraid.
Yma, ces siwrne serth eto, un agoriad
sy'n agor a chau fel cusan bywyd.

But tonight. I got to lock the door. Poured wine
over a crystal rim. On a table between two beds
I drew the video from its sleeve. And yes,
I could give myself up to it. I laid among them,
every sinew witnessed the parting of limbs,
refused to be shut out.

I've often wondered why we close our eyes
when in ectasy. Worshipping, loving – in the end
it's the same. Moving through darkness
towards a light. And why, in the face of hardship
or the daily grind, are we wide-eyed?
I could never talk to her like that
she'd say that printed words are like a cloud of gad-flies.

I watched it until its comfort began to sting. A night
now and then's the civilised thing. Lording it freely
among strangers. They don't know what I am.
But everyone's looking for his own heaven. What I say is,
strangeness is a pleasure nowadays. Belonging,
a sacrifice.

Outside this place there's an all-night party,
girls in lycra just waiting to be ridden,
men willing to show you a spectrum of skills.
So I climbed up again on the slippery slope. Towards the mouth
which opens and closes. Like the kiss of life.

Croesau Calonnau XXXXXXXXXX

Croes ar ddarn o bapur oedd yr unig gariad
y gwyddai sut i'w roi. Croes-ymgroes ddu,
chwarae a wnaeth arni, gan adael
bob tro. O. Sero. Yr unigol O. Dim,
dim i fyw drwyddo, ond ymrafael
â'r O. Y Fo yn erbyn y Hi,
lledr rhad clytiog ei chalon. Dan gaead,
tu hwnt iddo'i gwnïo, yng ngolau dydd.
Curodd hi, fel y curai gwragedd wyau.
Nes troi'i heinioes a'i hwyneb yn un groes.

'Ddeallodd hi erioed pam y rhoed iddi'r nerth
i'w garu. I ofalu. I ddal ati i gredu,
bob tro, wedi'r drin y byddai'n newid,
yn ddyn newydd. Ond hen oedd ei phoenau,
a hen oedd yfô. Er bywiocáu 'rôl ei bwrw;
fe brynai rosynnau, heb ddrain, ei thendio,
rhoi talpiau iâ ar facynon er mwyn lleddfu
a'i helpu i dynnu'n gynt y chwydd i lawr;
'ddeallodd hi, chwaith, pam y câi dynion
facynon mwy eu maint. A hwythau'n crio llai.

Rhai fel hyhi a griai. Hwy hefyd a garent,
gan weld tu hwnt i'r bwystfil a'r bwli mawr,
ei gŵr HI oedd e. Yn perthyn iddi. Hithau
wedi addo, addunedu, ar lw, er gwell er gwaeth,
a dyna ben. Anniben. Atalnod llawn, priodas wag.
Ond carai ei groesau xxxx. Y rhai ar bapur –
a ddaeth o garchar. Y rhai a wnâi y tro, yn iawn
am groesau mwy a ddaeth i'w rhan. Addawodd,
chwilio 'fory am glamp o garden. Rhoi calonnau croesau
a'i hanfon ato. Croesau'n groeso i gyd fel gwres ar foch.

Cross My Heart and Hope to Die XXXXXXXXXX

The only kind of love he knew how to give
was a cross on a piece of paper. A black criss-cross.
He played games with her, throwing down his hand
every time. O. Zero. Individual O. Nothing,
nothing to live through but the battles with
this O. His O against 'Her', her heart's
cheap, battered leather. Under lock and key,
beyond his mending, in broad daylight.
He beat her, as women will beat eggs,
until he'd turned her face, her life into a cross.

She never understood why she'd been given
the strength to love him. To keep on believing,
every time, after the fight, that he'd change,
be a new man. But her griefs were old,
and he was ageless, though he'd spring up again after beating her.
He'd buy thornless roses and tend her,
wrap lumps of ice in handkerchiefs to soothe
and bring the bruise down quicker;
and then she understood
why they made men's handkerchiefs bigger,
though they cried less.

It was people like her who cried. People like her who loved,
seeing, beyond the beast, the big bully.
HER husband. Hers. She'd promised
been promised, on oath, for better or worse,
and there was an end of it. A loose end. A full stop, an empty
            marriage.
But she loved his xxxx crosses. The ones on paper –
from prison. The ones that more than made up
for the heavier crosses she had to bear. She promised herself
to look, next day, for a huge card. To put
hearts and crosses on it and send it to him.
Crosses flushed with welcome, warm like her cheek.

Gwyn A. Williams was a passionate, original and poetic historian who journeyed from century to century. 'He wrote with consummate skill about Italian communists, French *sans-culottes*, London communards, American intellectuals, Spanish revolutionaries, freeborn Englishmen and radical Welshmen' (Geraint H. Jenkins). He also made his mark as the people's remembrancer, and brought the past to life on television, crossing frontiers that were often outside academia. *When Was Wales? A History of the Welsh* (1985) was only one of a number of inspiring texts that was to enthuse and challenge the future of Wales. In its closing paragraph he writes: 'One thing I am sure of. Some kind of human society, though God knows what kind, will no doubt go on occupying these two western peninsulas of Britain, but that people, who are my people and no mean people, who have for a millennium and a half lived in them as a Welsh people, are now nothing but a naked people under an acid rain.'

POEMS IN MEMORY OF
Gwyn A. Williams
(1925 – 1995)

Professor/Historian/Broadcaster/
The people's hero/Welshman/
The nation's remembrancer

It's very easy to love Wales, it's the
bloody Welsh who are the problem.
GWYN A. WILLIAMS

1 Parêd Paradwys

The Welsh have danced among these giant cogwheels
before. Wales has always been now.

GWYN A. WILLIAMS

Mae pris ar bob paradwys.

Chwiliaist arian daear amdani
camu trwy gastell a thŷ unnos
dangos y rhwyll yn eu parwydydd,
dilyn diadell ddynol yn ddiasbora
wrth gludo i bedwar ban – Iwtopia.

Ddyn unig, mesuraist y Missouri
yng nghefn y lleuad, eira'r gors a'r egroes,
ffroeni balm y lemwn, am einioes –
yr hirdaith am 'Beulah' ar ddisberod,
wrth it lwgu gyda'r lliaws – dilofnod.

Heno mae glosau'r hanesydd yn burddu,
eto, yn chwedlau'r barcud, a'r ysgafn ehedydd
bydd llith a ban y mythau'n aflonydd
gylchdroi, gyda'r sawl welodd nant drwy yr enfys
wrth herio wynebwerth yr haul, – a'i ewyllys.

Nid du y gwelodd un gwyn ei genedl.

2 Rhod Amser

Cynt y cwymp deri i'r dyffryn
na mieiri o flaen dwyreinwynt,
cynt y disgyn meidrolyn.

Cynt y llosg odyn ar benrhyn
nag ysguboriau cyfalaf,
cynt yw ffydd fforddolyn.

Cynt na'r llychwynt ar lechwedd
y rhed aradr i'w diwedd,
cynt y try 'nawr' yn llynedd.

1 *Paradise Time*

The Welsh have danced among these giant cogwheels before. Wales has always been now.
GWYN A. WILLIAMS

Every heaven has its price.

Earth's wealth you sought for her,
trod castle and one-night shed –
look, the gaps in the lattice!
followed the flock of humanity's diaspora
humping Utopia to the four quarters.

A lonely man, you measured the Missouri –
through gossamer haulms, cotton-grass, rosehips,
to the smell of lemon balm, for a life
– O that long trek to Beulah – gone astray.
With the unsignatured multitude you starved.

Glosses of the historian lose colour tonight,
Yet in tale of red kite, in lark's lightness,
the clamour of myths will be a wheel never-still
to his memory, who saw through the rainbow
a challenge to the vaunt and claim of the sun.

The crow sees his chick white. The good man
did not see his nation bad.

2 *Gnomic*

Quicker oak falls to the valley
than thorns before an east wind,
quicker a mortal man descends.

Quicker on headland burns a limekiln
than the barns of Capital,
quicker a wayfarer's faith.

Quicker than the eddying wind
runs plough to the furrow end,
quicker 'now' to yesteryear.

3 *Gyrru i Ben*

...'rown i'n 54-blwydd oed ddoe. Mae pob dim a wnaf yn awr yn ras yn erbyn yr ymgymerwr. Alla i ddim gwastraffu rhagor o amser.

GWYN A. WILLIAMS

Annwyl lywiedydd, troist bob siwrne'n ffawd yrru
rhwng dyfnant a dwnshwn. Pob mater yn her
a'r metel o'th amgylch yn dychlamu,

ymosod ar sbardun, cweryla â brêc, ffrithiant –
rhwng y lôn a'r llwyni. Pob creadur ar ffo
wrth dy glywed yn bracso gêrs at eu henaint,

ciliai'r lleuad i'w chwfaint wrth baderu galar,
oblegid dy herwa ar bob erw o'r ffordd
tarw dur oeddit, ar darmac ymhongar.

Crynai'r sgrîn wynt wrth amrantu'r weipar
tramwyo'n ufudd ei dynged ddi-dâl,
amlach na pheidio, troi'r gwrych yn gymar:

closiaist ato, clawdd terfyn mor ddi-draha;
osgoi clec a chlatsh rhyw gerbydau syn
a ddoi'n anfoddog amdanat. Un ddrysfa

rhwng blewyn gwrthdaro a gweryd. Dargyfeirio
pob llyw arall; troi'n alltud olwynion ar chwâl,
wrth sglefrio ar iâ du dy ddrycin. Dy oleuadau'n fflachio

goleuadau coch parhaus cyn sgrialdod – troëlli –
pob noson yn gyrffiw tân gwyllt i greaduriaid;
dy gerbyd yn rhan o rali fynyddig, danlli,

ond heno, sgrîn arall a dynnwyd, i'w galedfyd;
yn dolciog orweddog, erys heb wefrau;
collodd Cymru un gyrrwr oriog o'i chynfyd.

Ac aethost ar y siwrne ola' deg –
trwy Borth y Dychymyg yn ddistaw ddi-reg,
fesul pwyth ar y briffordd mewn cerbyd mor ddi-staen
sidanau amdanat. Gyrru sad gyda graen;

Un limosîn diogel –
heb groesi llinell na thorri cornel.

3 Driver

I was 54 yesterday. Everything I now do is a race against the undertaker. I can't waste any more time.

GWYN A. WILLIAMS

Dear driver, you made every journey a joy ride
between deep stream and canyon. Everything a challenge
and the metal jumping round you...

assault on accelerator, squabble with brakes, friction
between lane and bushes. Every creature in flight
hearing you paddle gears to old age.

Moon retired to her convent, to her rosaries of grief
because you were highwayman every acre of the way,
a steel bull on the dogmas of tarmac.

Windscreen quaked, wiper blinked like an eyelid
to and fro, obedient to its thankless destiny –
more often than not, you made the hedge partner

closed with it – how humble the boundary dyke –
to avoid clash and crack of the stunned cars
that were, unwillingly, coming round you. A hair's breadth,

a labyrinth, between collision and earth. You diverted
every other helm; wheels scattered to exile,
slid on the black ice of your storm. Your lights flashed –

red ones always – delinquent, skidding, spinning –
your car, like a curfew of fireworks for creatures,
every night took part in a mountain rally.

But there's another screen shut fast tonight;
prostrate and battered, nothing thrills through him;
Wales has one less rash driver through the ages.

And you've gone on that last fine journey
through the Imagination's Portal, uncursingly quiet,
on the main road, stitch by stitch, in a spotless carriage,
silks all round you! A curtained limousine

driven so discreetly, so with the grain – safely –
never crossing white lines, or cutting a corner.

4 *Angladd Internationale*

Then comrades come rally
the last fight let us face
the Internationale unites the human race.

Daeth y Chwyldro i Arberth –
adar llwch mewn cotiau angladd,
daethant, yn wrth anarchaidd
un pnawn taclus diwastrod,
glaw dwys Tachwedd yn oedi,
cyniwair ei fyfyr dros filwr
a fu heb gatrawd, heb gartre cudd –
eto'n dyheu am chwa o wrthryfel.

Ond rhyfel arall a ddaeth
yn ddigyfrwy o gyfrwys
(bore cynffonnau ŵyn bach ar baladr y brigau),
galwad ddigerbyd oedd;
ni chododd o lyn, na chydio mewn llafn,
na thynnu'n groes i'r hesg fu'n cysgu,
ni ffrwydrodd o'r ffeg, na chreu ffair Glanme,
ymwelydd un gnoc – ar 'sgyfaint
pelydru croes, ingwasgu'i frad –

tu chwith ei fyned, cad ei ryfel cartre
         a'i faes, galanas ei fynwes.

        *   *   *

Collodd Dyfed ei hud yn y niwl
wrth ei gario ar barodi o droli,
yn gyff mor anghyffwrdd.
Oni ddylem fod wedi ei ddyrchafu
yn ysgwydd uchel, yn null pueblo
gan ysu am iau'r ymadawedig ar wegil?
Oni ddylem fod wedi dilorni yr olwynion trahaus
am hwyluso ei hebrwng –
herio eu grym gyda grasusau
o enau ein Gramsci?

Ond dyrnau dig tuag at Epynt
oedd helynt yr arwyl heddgarol –

4 *Funeral Internationale*

Then comrades come rally
the last fight let us face
the Internationale unites the human race.

The Revolution came to Arberth –
storm birds in funeral coats
came, most unanarchically
one afternoon, tidy, unregimented...
the sombre loitering rain of November
marshalled thoughts of a soldier
who'd no unit, no safe house
yet longed for rebellion's gust.

But another warfare came
and craftily unhorsed
a morning of white catkins on the spearing twigs.
The call came without chariot,
didn't rise from a lake, didn't grasp blade, or
ruffle like a wave the sleeping edge;
didn't explode from uncut hay, or create bedlam
– no, a one-knock visitor, on the lungs
cross-rayed, squeezed with agony his treason.

Wrong way it sent. The army of civil war,
                    the battlefield, carnage at his breast.

                    *   *   *

Dyfed had lost its magic in the fog
as they bore him away on a parody of a trolley
like a log, so untouchable!
Shouldn't we have lifted him
shoulder high, in Pueblo fashion
craving on our nape the yoke of the dead?
Shouldn't we have scorned those arrogant wheels
too conveniently conveying him –
and challenged their force with graces
from the lips of our Gramsci?

But look, angry fists towards Epynt
were raised at that peaceable funeral

talmu ffydd ein dinasyddiaeth;
cyn troi'n sodlau, am adre –

fflam llwynog mewn Safn un anadl.

*   *   *

O'r tu ôl inni, yr angladd nesa'n aros,
dau ddyn mewn fen, gydag arch ysgafn-rad
mewn ymgyrch ddiymgymerwr,
yn gwneud DIY o DNA.

Buaset wedi chwerthin hyd at beswch,
onid dyna oedd dynion iti,
y proletariat yn creu o'r seilam
ryw salm sy'n rhydd,

yn erbyn angau a'i sgwâr seguryn:
onid mawrhad yw marwnad dyn?

5 *Blwyddyn Y Pla*
Gwyn A. Williams – Refferendwm 1979

Fflachiodd goleuadau'r ddawns i nodi ei therfyn
collodd y rhythmau eu byddardod ifanc
rhoddwyd y bai, nid ar ein traed ond ar ein Tir.

'Ai llwch yn y gwynt ydym,' llefaist,
'ai deunydd crai hanesion eraill?'
Ai llwyth sy'n cycyllu mewn coedwig
wrth weld adain hollt, gan filwg ambwl?

Ynteu, ai cenedl yn noethlymuna oedd hi
yn ffaglu ar eurwallt y mynydd-dir,
glaw asid yn tasgu ar ei chroen llosgwyllt;
atblygon y rhewynt yn rhincian gewynnau
wrth droi nwydau yn las mynawyd y bugail.

to distribute the faith of our citizenship
before turning on our heels, for home –

A fox flame in a unanimous mouth.

*   *   *

Behind us, the next funeral waited,
two men in a van, with a cheap deal coffin
in an expedition without undertaker
doing a DIY of DNA.

You'd have laughed yourself into a cough
because that was mankind to you –
the proletariat creating from the asylum
a psalm that goes free

against death and its square good-for-nothing:
isn't to make great the epitaph of man?

5 *The Year of the Plague*
Gwyn A. Williams – Referendum 1979

Lights of the dance flashed to mark closing time,
rhythms abandoned the young to their deafness,
transgression not at our feet was laid, but on our land.

'Are we dust in the wind,' you wailed.
'Are we raw material of other folk's histories?'
Are we a tribe blindfold in a wood?
Are our wings chopped by a blunt billhook?

Was the whole nation, then, stark naked
flaring on the moss of the mountain land,
our wild burnt skin splashed by acid rain,
reflexes of the icy wind our sinews creaking,
our passions frozen blue as cranesbill?

Do, holaist dy hun yn ddidrugaredd
ai deddf disgyrchiant a ddrylliwyd,
swmbwl yn y cnawd ger godre'r graig,
ai llygod bach oeddem a'r gath hunanfodlon
yn gwatwar ein gwingo dan losgwrn a phalf?

Cenedl cnu un ddafad farw oedd ar ein dwylo,
yn ddameg basgedig –
ac yn ystod hyn oll
roedd pyncio cras
nico tynn dy nicotîn
yn canu brud, dy bryder
yn tynnu sêl o'th seler
gwaed ei grawnwin yn gochddu.

Oedodd y ddawns wedyn –
– difiwsig arianbib yn y llaid,

cerddodd yn waglaw i'r anialwch –
troi ymysg Mandans cefn gwlad –

lladinwr unig yn y glaw.

6 *Dyn â'i Gi*

Ar dir neb,
    i'r rhai a drigai yno
ef oedd y dyn,
        fu'n cerdded ei gi
o'r gwrych – ei rychwant
           o Drefelin i Gorki,
cyfnos dwy iaith yn cwrdd,
llediaith y taeog a mamiaith ein tegwch,
           dyn yn ei blwy ydoedd,
a'i gartref – yr holl fyd.

Yes, you mercilessly asked yourself,
is the law of gravity shattered –
at the rock's foot a thorn in the flesh?
Were we little mice, that a self-satisfied cat
mocked writhing beneath tail and paw?

We'd a dead sheep's fleece of a nation on our hands
as a fatted parable...
and all the time you were talking
the dry singing
of the mean finch nicotine
prophesied, as your anxiety
drew the seal from your cellar,
the blood of its grape red, black.

The dance was delayed then? –
a musicless silver flute in the mire,

he walked into the wilderness,
among Mandans at the back of beyond he walked,

a lonely Latin in the rain.

6 *A Man and His Dog*

On no man's land
        to those acquainted with him
he was the man
            that walked his dog
from the boundary – a span
                from Trefelin to Gorki,
a twilight where two languages met,
the slave's stammer
                    and the mother tongue of justice –
he was a man in his own parish,
his home the whole world.

Weithiau, fe'i gwelwn yn chwys yr haul,
pryfed wedi eu llowcio'n ei gors,
dro arall, gwennol y ffatri oedd
ar hyd y cenglau'n lliwio llwythau
yn garthen gaeth – a'r rhidens yn rhydd.

Ar dir neb,
     i genhedlaeth heb anwes at arwyr,
ef oedd y dyn,
     a'i genedl ar dennyn:

sangodd, i ganol ffatri segur hanes
rhoi sbocen, creu sbarc

nes troi'r olwynion cocos.

7 *Blodau Eira – 'Y Gynnar Dorf'*

    But the journey goes on.
       GWYN A. WILLIAMS

Bu cynulliad eirlysiau ddoe,
yn yr allt wen yng Nghwm hiraeth,
gwaglaw farnwyr yn eu menig gwynion
yn didoli'r dystiolaeth o'u briwddail,
a holi hynt y rheiny a fu yn hel eu traed
yn twrio trwy boer gwcw, am ei frychni cildew
y gân i gôr siambr a'i sgôr-ddalen.

Yn y pellter, mae corawl cras y jetiau
yn crafu gwddf yr awyr,
ei fwnwgl yn gollwng anadl gwelw
wrth iasu peryg, yn llyncu poer
ein darn tila ni o ddaear;
yn gwatwar ein digyffro gwteri,

hwy yw'r uchelwyr newydd
sy'n creu cestyll mewn nen, yn cylchdroi
uwch cenedl y crinwas.

Sometimes I'd see him as a sundew,
a gobbler of flies in the bog,
another time, as a shuttle in a mill
along kaleidoscopic skeins, loaded
like a strict counterpane, the fringes free.

On no man's land
        to a generation not fond of heroes
he was the bloke
        with his nation on a lead:

he trod the idle factories of history
put a spoke in, made sparks

till the cog wheels
turn.

7 *Snowdrops – 'The Early Crowd'*

But the journey goes on.
        GWYN A. WILLIAMS

Yesterday snowdrops assembled
on the white slope in Cwm hiraeth –
judges, empty-handed in white gloves,
sifted the testimony of their bruised leaves
and cross-examined those who'd gone burrowing
through cuckoospit, for its half-visible speckling
of a score-sheet, a part-song for chamber choir.

The harsh chorus of jets in the distance
clears the sky's throat –
as danger simmers, its neck exhales pale breath,
it swallows the spittle
of our puny fragment of earth;
it makes mock of our untroubled gutters.

They are the new *uchelwyr*,
make castles in the air, rotating
overhead this niggardly nation.

Ar lasdwr y bae, mae'r tonnau'n carthu olew
yn llusgrwyd i adar y ddrycin sy'n disgyn
heb ddeall trais dof ein trasiedi.

Ond pe baet yma, nawr, mi ddangoswn y dawnswyr,
sy'n dal i grynu wrth ddawnsio'n eu taffeta gwyn
yn daearledaenu miri yn eu troednoethni,
yn chwyldroi croesau.

8 *Y Trioedd*

> *How comfortable it must be to belong to a people which does not have*
> *to shout at the top if its voice to convince itself that it exists.*
>
> GWYN A. WILLIAMS

A ddaeth y gred yn y Greal i ben?
'ymysg dynion newydd, wynebau estron a meddyliau eraill'
neu ai seren bren oedd – yn yr wybren?

Gwibdaith syml ar ddydd Sadwrn,
ninnau'n esgyn ar olwyn fawr y ffair –
honno'n stond, ninnau'n yr entrych
yn eistedd arni. Yn esgus aros ei thrwsio.

Ac islaw gwelwn jac-codi-baw
yn sgawtio am stadau wrth y Rhyd;
a thu hwnt iddo, hen ŵr yn gwthio berfa o ddail pygwlyb.

Ac uwchlaw troeon daear – mae adenydd ar wasgar,
daw'r ysfa i'w dilyn – i ganfod Beulah –
ond anodd gwahanu'r gweilch oddi wrth y brain.

On the blue water of the bay, the waves scour oil,
dragnet for stormy petrels that light on it
not comprehending the tame violence that is our tragedy.

But if you were here, I'd show you the dancers now
still a-tremble, in their white taffeta,
a scatter of joy on the world, a barefootedness
to revolutionise crosses.

8 *Triads*

> How comfortable it must be to belong to a people which does not have
> to shout at the top if its voice to convince itself that it exists.
> GWYN A. WILLIAMS

Was it lost, the faith in the Grail
'among new men, strange faces, other minds'
or was it a false star after all?

Once, a straightforward Saturday excursion
at the fair, we were up on the big wheel,
when it stopped, and us at the top of the sky
still on it. Waiting to be repaired, they said.

And below us, by the ford, I could see
a JCB scouting for estates,
and beyond that, an old man pushing a barrowful of sodden black
        leaves...

And above earth's turnings, wings are migrating
and the urge is to follow them – to reach Beulah –
if it wasn't so hard to tell falcons from crows.

Cusan Dyn Dall
Blind Man's Kiss

(2001)

Cyplau

Murddun yw byw. Ninnau, mynnwn ei drwsio
at ddiddosrwydd. Gyda'n dwylo ei saernïo

at frig adeilad. Nes clymu o dano nenbren
a wylia holl fynd a dod ein byw heb wybren.

Dau rwymyn cam. Naddwyd hwy yn gyfan
yn gyffion cytûn. Yn drawstiau llyfn a llydan.

Cyfarfod dau. Dyna'r grefft a fagwn wrth amgáu
dros ffrâm ddau gnawd. Gan asio'r llyfnus gyplau

sydd weithiau'n enfysu'n un. Ar ogwydd, uwch yr oerfyd
geubrennau'n chwiffio serch. Yna'n stond am ennyd.

A'r to mor elwig ar dro yn gwichian cariad
wrth ddwrdio'r gwyfyn draw. I aros tro ei gennad.

Clorian Cariad

Roedd y lloer mor ddi-hid
wrth i'r nos geisio'i hymlid.
Yna, taflodd y dudew ei bwysau
at gryno, ddynol ronynnau.
A'u codi, llond dwrn o lwch;
dowcio bys wrth flasu eu düwch;
sugno'n drwch ar hirwyll dafol.
Gwasgu'n ofnus at ei gilydd – waddol
sy'n groenus am gynhesrwydd. Ac yno
nid oedd dal y nos yn ôl, rhag pwyso eto.

Pwyso a mesur, mesur a phwyso,
rhyddhau, lleihau, disgyn a dwyso.

Couplings

Life is a house in ruins. And we mean to fix it up
and make it snug. With our hands we knock it into shape

to the very top. Till beneath this we fasten a roofbeam
that will watch the coming and going of our skyless life,

two crooked segments. They are fitted together,
timbers in concord. Smooth beams, and wide.

Two in touch. That's the craft we nurture in folding
doubled flesh on a frame. Conjoining the smooth couplings

that sometimes arch into one. Aslant above a cold world,
hollow wood wafting passion. Then stock still for a time.

And how clear-cut the roof, creaking love at times,
as it chides the worm to keep off and await its turn.

Love's Scales

The night's pursuit of her
was nothing to the moon,
then his dark highness
flung down all his weight in a heap,
human granules,
and, lifting up a fistful of dust,
dunked a finger in to taste their blackness,
sucked of them along the dark's scales,
pressed them fearfully together, a dowry
craving warmth – and there was
no resisting night's impulsion,

the weighing and the measuring,
the releasing, decreasing, lowering, considering –

Onid dyma ffordd yr hen glorian ddur?
Hafalau, meidrolion, yn gariad neu'n gur;
eu huno, owns wrth owns, a'r cnawd yn dadmer
ar ddysgl uwch cadwyn y sêr gordyner.

Mesur a phwyso. Nid oes dal y nos yn ôl.
Rhy ysgafn yw'r greddfol i ymwrthod â'u didol.
Daw'r caddug amdanom. Aelodau'n simsanu;
cîlos yn crynhoi – nes i'r wawr ein gwahanu.

Y Galon Goch
(ar ôl gwylio rhaglen am ryw)

'Sdim byd yn lluniaidd mewn calon,
yn ei hanfod aelod llipa yw,
ac er taeru adnabod calonnau o aur –
efydd sy'n boblogaidd.
Ond fe wn i am un, o leiaf
sy'n gwisgo ei chalon yn ddiymochel
gochlyd ar ei llawes.

Rhaglen am ryw ydoedd i'r rheiny
sydd yn methu â chysgu, ac yn gorwedd
gyda neb mwy difyr na'r teledu.
Trafod problem un wraig a wnaed
a dymuniad ei gŵr iddi wisgo
ei chalon ar ei llawes, mewn lle
a fu unwaith yn guddfan. Ei llifo
a'i heillio'n ffaith o berffeithrwydd.

Rhinweddwyd y gŵr gan y rheiny
oedd yno'n seicolegwyr gwâdd
am ei ddull o'i diwyllio;
arddangos eitem mewn cylchgrawn
yn un dengar i'w dynwared.
A meddent, 'Mynegodd ei ddyhead –
jest ewch amdano.'

the steel scale's ancient way
of diversifying mortals, as it hurls them together
in love or in pain, gram upon gram, their flesh dissolving
on a dish above the stars' too tender chains.

The weighing, the measuring, there's no holding back the night,
our instincts too frail to deny its sortings;
the dark enfolds us, limbs quake,
the kilos huddle tight until dawn divides.

The Red Heart
(after watching the Sex Guide Late)

There's nothing lovely about a heart
– in essence it's a limp enough organ
and though we say that hearts are made of gold,
brass is more common.
But I know of one woman, at least
who wears her heart – a flaunting scarlet –
firmly on her sleeve.

On a late night sex guide for insomniacs –
people who don't sleep
with anything more exciting than the tube –
they were treating this woman's problem.
He wanted her to wear her heart on her sleeve,
in a spot once secret, to dye it
and shave it to perfection.

The psychologists praised him.
He had, they said
cultivated her sensibilities
– shown her a photo in a magazine,
encouraged her to do the same.
'He's told you what he wants,' they said,
' – so just go for it!'

Pawb i'w ffws a'i ffwdan meddwn inne.
Ac eto, ddyddiau wedyn, mae'r colyn
ar ffurf calon yn dal i'm brifo.
Nid meddwl am yr eillio
na'r lliwo plwyn sy'n fy neffro
ond y syniad bod rhyw bryf
am droi eich *camfflabats*
yn ddelw hy o galon sy'n curo;
ei chochni'n gyrchfan mor agored
– lle gynt y bu'n erw breifat.

Wel, gwisged y wraig ei mynwes
yn solet ar ei llawes
os myn – ond na thrawsblanner
o'i churiad, bob cyffrad.

Byddai'n drueni o beth –
pe câi drawiad.

Dannedd yr Haul

Credais unwaith nad oedd modd cael bwyta
o ffrwyth y pren heb deimlo ôl ei flys,
a'r anwes a'ch dal mewn llaw cyn difa
sugn gusanau heb fod arnoch raid na brys.
A ddoe ddiwetha, dywedaist fod i'r ffrwyth
– ryw alwad am ei oeri, mewn du-gell:
bod ffest mor frwd yn mynnu croeni llwyth
i'w noethlymuno lawr i'r bywyn pell.

Mae deddf a ddwed na ellir rhannu'n llaes
mewn baddon ddofn heb weflau'n llosgi'r cnawd.
Bod i'w gynhaeaf heulwen fâl ar faes
a sofla fesul aelod ei rhin a'i rhawd.
Ynot, mae perllan orennau. Ac o'i sudd
caf biser beunydd. Diod angerdd cudd.

Each to his own, said I.
And yet, days later, that heart-shaped
sting in the tale still hurts me.
It's not the thought of shaving or dyeing
the flossy dark which keeps me awake.
No, it's the idea that some worm
might want to turn your *camfflabats*
into the bold image of a beating heart,
its redness an open resort
instead of the enclave it once was.

Let her go ahead and wear her heart,
a red one, on her sleeve,
if she likes, but she'd better beware: that beat
could make it leap into her breast

and she wouldn't want to die of a stroke.

Teeth of the Sun

I once believed it impossible to eat
of the fruit of the tree without knowing its fire,
the caress it leaves on your hand before you taste,
its love-bites, its unhurried desire.
Only yesterday you said the fruit at best
wanted a moment cooling in the dark
cell of the ice box – such lusciousness suggests
nakedness skinned to the very heart.

There's a Californian law that forbids us keeping
oranges in a bath. Might our mouths scald
on skin, as a meadow under the harvest of milled
sunlight, that fallen trail of last gleanings?
In you, an orange grove, and from your fruit
for me each day, a pitcher of secret love-juice.

Sefyll

(mewn arosfan ysbyty)

Ar grib ein byw a'n bod
daw corlan i'n mynd a'n dyfod –
hyn yw'r nod sy'n hynod.

Ac onid amser hir
yw stori 'achau' yma?
A'r aflwydd chwim a frysia.

Geiriau pell ac agos:
aros is na'r nen a wna mynydd
ond *disgwyl* wneir i'r drws agoryd

a *sefyll* wnawn, er eistedd:
hyn yw helynt y meidrol,
pob eiliad – yn dragwyddol.

Ffynnon

(chwedl cariad)

Ffynnon yw hon sy'n hanu
ynof. Cuddia'n ddistaw bach,
ei dyfroedd sy'n dywyll-lân.
Goroesodd yr eirth a'r iâ,
oesoedd y blaidd a melltith.

Cadw'n dirion a wna, dan ddaear –
nes i ryw ddewinydd mwyn ddod heibio –
collen yn ei law, honno'n cellwair
y defnynnau crwn o'i gwreiddiau.

'Daear wyf,' meddai'r weryd.
'Daw'r tymhorau i ddawnsio trwof i.'
'Dŵr ydwyf,' atebais innau,
'ynghudd mewn celloedd a chilfachau.'

Standing By

(in a doctor's surgery)

On the ridge of this life we live
we're penned in for our coming and going –
it's the brand that singles us out.

And isn't this tale of waiting 'for ages'
ancient history here?
But illness goes hurrying on.

Words distant and close to each other:
a mountain abides – beneath the sky,
you wait – for a door to open,

and we stand by – though we're sitting.
That's how it goes with mortality,
every moment, an eternity.

Creation

(a love-legend)

This well springs from myself;
it hide-and-seeks, its water dark yet clear,
outlasting the Ice Age, the ages
of wolves and bears and curses.

It saves its sweetness, underground
until a gentle sorcerer should pass by,
a hazel-rod in his hand, to tickle
the fat, round drops from its roots.

'I am earth,' said solid ground,
'and seasons shall dance through me';
'I am water,' I replied,
'hidden in crannies and clefts.'

'Cyfod,' meddai, 'ac fe awn gan uno
gnawd fy naear. Ti a'i cei yn gnwd.'
'Wele fi,' atebais, 'caiff rhydweli dy dir
fy nheimlo'n llifo'n ddirgel o anwel
heb unwaith gyrraedd pen-y-daith.'

Rhyngom, gallwn greu Gwerddon:
sef yw cariad, ffindir a ffynnon.

Dim ond Camedd

(wrth ddarllen am y diwydiant dillad isaf)

1

Mor ardderchog yw gwisg ordderch
ein dychymyg. Tryloywa'n llaes, sideru
gwrthbanau trwm ar bostyn y gwely.

Ac ar ôl dior yr atgof digri
am staes mam-gu yn gwrido nôl
arnaf, asennau crog fel lladd-dy dynol,

daw genethod sidanaidd i'r meddwl:
sleifio ar gynfas, dyfrliwio'r co'
heb na ffrâm na bach a llygad i'w pwyo

na chrysbais cras i'w bling-wasgu;
dim weiren fagl i'w dyrchafu
ar fryniau sydd o hyd i'w gorseddu.

A'r fron sydd goron euraid a ddena
organsa yn un ffluwch o gamedd,
camisôl gwanolew ei serenedd.

Gwisgoedd sy'n llawn tawelwch
yw y rhain, a'u rhubanau simsan
yn rhyddhau 'bur hoff bau'r' hunan

gan droi gwlad yn gyfannedd anial.
A'r ferch yn rhydd o'i gwasgedd
yn ddalen lân rhwng dwylo'i delwedd.

'Rise up,' he said, 'and join
my flesh of soil. It will be your crop.'
'I am yours,' I answered, 'your veins of earth
will feel me flowing, secret, invisible,
never arriving at journey's end.'

And we will create an Otherworld.
Love: a place where land meets water.

Nothing But Curves
(having read about the lingerie industry)

1

How wonderful the courtesan clothes
of our imagination. Diaphanous, flowing, they droop
over heavy counterpanes at the foot of the bed.

Having unlaced the memory
of grandmother's corsets blushing at me
– hanging ribs, like a human abattoir –

silky girls come to mind:
sliding in on memory's watercoloured canvas
– frameless, without hook or eye to hold them,

or a flannel hairshirt to flay and squeeze them,
no underwire to uplift them
to yet-unfettered heights.

The breast is the golden globe, whispering suggestions
to ruffled organza drifts,
serenely lanolined liberty bodices.

These things are full of calm,
their frail ribbons liberate
the motherland of the self,

making country a homeland all to herself:
where a woman is free of her pressure;
her self a blank sheet between her own hands.

2

Ond yn y golau noeth, peirianneg yw.
Purfa'r gwŷr fforensig sy'n cynllunio
o'r newydd y ffordd o gael bron gryno

i'w gwely. 'Rhyw weithio pwll yw,' medd un –
'a thri deg nodau sydd i'w ddeall'
er creu y llonyddwch sad arall.

Sbïwch a gwelwch nad heb gynllwyn
y mae sêr y sgrîn fawr yn brolio'u cwrel –
wrth lanio bronnau at eu genau del

a'r hen gorff yn hwb i bobl y glannau
wrth ddathlu llanw a bŵiau ar fae.
Na, nid oes lle yn yr oes hon i soddi'n strae.

3

'*Nothing but curves*,' medd llef hys-bys.
Ond yn droednoeth, cerddaf i'r oesoedd tywyll
lle roedd gwragedd swil mewn twyll-

olau, yn agor bach a chlasbyn;
cyn plannu'r anwel mewn drôr fel had –
matryd eu cnu tyner dan lygad

cannwyll. Yna, dringo matras – corlan
a'r bwlch yn cau. Uwch pwll heb waelod –
cyn cysgu ar ei bronnau ac estyn adnod.

Rhoi'r gair a'r cnawd mewn cadw-mi-gei:
sarcoffagus yw'r nos heb iddo yr un gwall
– dim hyd yn oed eillio bras – cusan dyn dall.

2

– but by fluorescent light – this is hydraulics,
refined by forensic scientists, cantilevering
their brand-new way of getting

the rounded breast into bed. This is a lode to be mined:
thirty sections origami together
to create the other, the perfect orb.

Look. And you'll see that the stars of the screen
lie when they say they have hidden secrets:
their breasts push their facelifts up to their chins

and the body politic spurs on the scuba divers
as they bounce the buoys down in the bay.
There's no future these days in swimming alone.

3

'Nothing but curves,' crows the ad –
but I return, barefoot, to the dark ages
to peer at a woman who stands in half-darkness

opening a hook and eye,
placing them in a drawer where they won't be disturbed
before slipping out of her soft fleece

by the candle's eye. Climbing the mattress
she slips into her fold, closing
with a 'good night' the gap
between herself and the bottomless pit
by sleeping on her front with scripture in mind,

putting tongue and flesh safe by for a while.

The night is a sinless sarcophagus –
rasping, hard like a blind man's kiss.

Y Goeden Grinolîn

Dadwreiddio yw hanes rhyfeloedd.
Bechgyn bochgoch ar aelwydydd
gloyw, yn heidio i dir estron.

Ac ymysg yr holl ddadwreiddio,
anghofiwn am y sigo syml
ar golfenni'r plwy. Tocio clust,

un plwc ar aelod, a dyna'i ddiwedd
neu ei ddechreuad. A'r brigyn
amddifad yn ysbail yn llaw'r hawliwr.

Un prynhawn o Fai, ces fy nhywys
i waelod gardd fy modryb, ac wele
nid wylo coeden oedd yno. Un yn piffian

chwerthin, â'i chorun tua'r awyr;
cig ei dannedd yn weflog tua'r gwynt,
yn binc crinolîn, ei bysedd yn binwydd
mor feddal â hirflew ci'n heneiddio.

'Y gwŷr ddaeth â hi nôl o'r rhyfel,'
meddai, 'ac fe gydiodd yn berffaith.'
O'r diffaith, un goeden rhwng dwy wlad

yn croesffrwythlonni. Fel petai'n symbol
fod gwreiddio dyn wrth ddynwared
bysedd y Garddwr yn ddyfnach ei bridd,
rywsut, na'r glas mewn dilead.

The Crinoline Tree

Uprooting is at the heart of war:
rose-cheeked lads from cheery hearths
herded off to foreign lands.

And in all the uprooting, the buds
nipped, we seem to forget the sheer
convulsion of the parish's tree.

One member plucked and that's its end,
or its beginning, the twig cast adrift
as spoil in the despoiler's hand.

One May afternoon, my aunt led me
to the bottom of her garden, there to behold
a tree not weeping so much as chuckling,

her laughter sailing from crown to sky,
the meat of her teeth wide to the wind,
crinoline pink, her pine-green fingers
as soft as the hairs of an ageing dog.

'The men brought her back from the war,'
she said, 'like a dream, out of all that waste,
she took two countries, one tree.'

Cross-fertilisation: earthly echo
of the Gardener's touch, symbolic in kind
of man's enrootings making somehow for deeper soil
than blue, cold, destructive steel.

Lladron Nos Dychymyg

(ar gychwyn salwch henaint)

Fe gred y daw dynion trwy'r drain
heb sôn am drwy'r gwrych. Ym mherfedd nos
y digwydd, yn feunosol wrth iddi godi
i'r landin a'u gweld yn dwgyd ei 'phocer coch'.
Ond 'dyw eu bysedd blewog byth ar dân.
Dro arall, dônt yn dorf i dorri tafell
o'i phorfa a'i himpio'n dwt yn eu lawntiau
yn laswellt di-grych. A byddant o bryd i'w gilydd
yn gweithio twll yn y clawdd cyn camu
a stablad ar ei borderi – yr hen flodau bresych piws.

Dim ond yn gellweirus y mae modd i ni holi
ai corrach ydoedd neu a laniodd
y gwŷr bach gwyrdd o'r gofod yng Nghefn Sidan
cyn cerdded i diroedd brasach? Heb wên
aiff allan, a'n tywys yn dalog i weld eu holion.
Ofer yw arwain ei meddwl yn ôl i dderbyn
mai lôn henaint sy'n ellylla'n droellog.

Beth sydd i'w wneud felly? Dim oll,
rhoi clust at ddawn y cyfarwydd yn diddanu
a rhannu eu straeon byw llawn dychymyg ac arswyd.

Gan wybod tu ôl i'r gwrych, a'r rhych yn rhywle
– llechleidr go-iawn Amser sy'n aros ei gyfle.

Night Thieves
(on the onset of dementia)

They come, she believes, through the prickly bushes,
the thorny hedge. In the bowels of night
– nightly they come, she watches from her landing
as they steal away her red-hot pokers,
though their hairy fingers never catch fire.
Or they'll swoop as one and swipe a slice of turf
to be grafted neatly, as prime greensward,
on their creaseless lawns. Sometimes they'll work
a hole in the hedge and hoof about her borders
so stuffed with those purple cabbagey things.

The best we can do is humour her, asking
was it a dwarf, or a detachment perhaps
of small green men casing the Cefn Sidan
en route to richer pickings? Not a smile –
then out she leads us to inspect their footprints.
There's no guiding her back to accept
that the path of old age is fiendishly mazed.

What's to be done then? Not a thing, save
lend an ear to the storyteller's distracting tales
of doom and fancy, knowing full well
that behind the hedge, in the bed somewhere,
the snatcher-in-chief is biding his time.

Crwydro

Pam y byddaf fel un yn crwydro
wrth ymyl praidd dy gyfeillion?

CANIAD SOLOMON, 1.7

Chwarddem pan oedd rhyw fodryb
yn cofio na thestun pregeth
na'i neges. Ac er ein hannog –
ni fedrai adrodd nac adnod
na geiriau yr un gweinidog.

Chwarddem yn gytûn fel teulu
er deall yn iawn ei hogof dywyll:
cans gwyddwn nad wrth nodau'r organ
na chwaith yn hel clecs y casgliad
yr oedd ei hoedfa, na'i chorlan.

Eithr ar grwydr, awn fesul un ac un
fel aderyn o nyth, dyn o'i gynefin.
Ac nid mewn man y mae ein camre
ond o fynydd i fryn, crwyn defaid a geifr,
oedwn oll ar flewyn glas ein meddyliau.

Y pethau rhy hy i'w hyngan sy'n hongian
yn y seibiau – ffwrno a iasu dyddiau.
O, fel y treiddiant fel dŵr dan ddrysau segur
neu arllwys tafell o olau i'r nenfwd.
A phell yw'r llais sy'n arwain mawl o'r cysegr.

Eithr sofl ein defosiwn, byddwn wedi ei gerdded
wrth grwydro ynom ni ein hunain, yn fân, yn fwynaidd;
yn ystod awr pan yw'n hawl ar dangnefedd
wrth gasglu ynghyd ein pitw gyfrinion;
gallwn adael eto'r Sul hwn ar ein sedd – a'n sylwedd.

'Sêl, wrth ymyl praidd ein cyfeillion.'

Wandering

*For why should I be as one who turneth aside
by the flocks of thy companions?*

SONG OF SOLOMON, 1.7

We would laugh at some old aunt
who couldn't remember a word
of the sermon. Not a verse
could she say, though we nudged her,
not a line of the service.

It was family laughter, for we knew
all too well that black pit.
Not out of the notes the organ played,
nor the clecking collection box
were her sheep-fold or matins made.

Off we'd go, one by one,
a bird from its nest, a beast from its place,
off nowhere particular, we'd wind
along mountain tracks in goat-hair and fleece,
over the blue-feather grass of the mind.

Things too bold to speak hung
in the silences, blazing the day.
How like water they seeped, finding their ways
under doors, or sluiced in slices of light from above.
How distant that voice, leading the people in praise.

Wandering softly inside ourselves
we trod down the stubble of our prayers
in that very hour when peace has a right to be,
gathering our petty secrets, knowing we'd leave
in the Sunday pew our essence, our piety,

'Zeal', by the flocks of thy companions?

Bloedd

A sylwoch mor ddiamser
yw dyn wrth ddod at iaith newydd?
Bydd, fe fydd yn baglu dros gytseiniaid,
yn gohirio llafariaid,
yn gwisgo holl arfogaeth ei ddyhead
am fuddugoliaeth dros fynegiant.
A bydd, fe fydd ei dafod
fel baban bach ar ei ben ôl.

Felly, bydded i bob un o genhedloedd byd
ddysgu iaith esgymun ei gymydog.
Ie, cropian a chwrian mewn corneli,
colli cwsg wrth ei thrwsglo;
cans fel hyn y daw dileu yr amserau.
Ni ddaw'r gorffennol yn rhwydd ar dafod.
Erys iaith heddiw. Bydd yn ddeiseb hedd –
gan dynnu i lawr yr holl ferfau pigog;
ni fydd yr amherffaith mor berffaith
â phan nad yw.

A bydd agen, hollt a rhwyg
yn cael eu cyfannu'n y geg agored.
Pob newydd ddysgwr â chof
am gyweirio cystrawennau,
'cyfod o'i wely', unioni llef.

Ni fydd amser i ledu llid,
cans bydd llwythau wedi eu llethu
â chyfoeth yr holl gerrig arloesi.

A thrwy'r babanod yn Babel bydd iau
wedi ei chodi a'r Uniaith yn iacháu
wrth ymryddhau, rhyddhau wrth hau.

Let the World's Peoples Shout

Have you noticed how time-free a person is
when approaching a new language?
Yes, you stumble over consonants,
postpone vowels,
encumbered with all the armour of your longing
for the conquest of expresssion.
And yes, your tongue is like
a baby bumping along on its bottom.

Well then, let each of the world's peoples learn
the excommunicated language of its neighbour,
yes, creep and crouch in corners,
lose sleep in messing it up,
since this is how tenses will be deleted.
The past will not come fluently on the tongue.
The language of today will stay. It will sue for peace,
pull down all the barbed-wire verbs.
The imperfect will never be so perfect
as when it ceases to exist.

And cleft, split, and rupture will be
made whole in the open mouth.
Each new learner will have the memory
of correcting constructions,
picking up one's bed, rectifying speech.

There will be no time for spreading hatred,
since the tribes will be overcome
by the riches of all the founding stones –

And through the babies in Babel
a yoke will be raised, a United Languages heal
in freeing oneself, freeing in sowing the seed.

Papurau Reis

(i'm cyfieithydd Trinh yn Hanoi)

Gallaf ei gweld yn gwledda.
Hynny, neu'n dantbigo'n ddiolchgar

ar damaid pren, efallai'n datgan
â'i cheg, led y pen. 'Dyma'r lle gorau

yn y fan a'r fan yn Fietnam.'
A chofiaf amdanaf yn diniwed ofyn

'Sawl tro y buoch yma'n bwyta?'
Yr un ateb fyddai ganddi, 'Dyma'r tro cynta,'

wrth iddi estyn am fwndel tila'r *dong*.
Hi oedd fy ngwestai. Hi fy nhafod.

Hi yn ganghellor, hefyd fy morwyn.
'Mae'n rhy ddrud i mi fynd i fwytai

heblaw gyda *foreigner* yn talu.'
Ac uwch yr *hoisin* a'r sinsir a'r *Cha Gio*

a holl sawrau'r ddaear ar ei min yn llifo –
câi ambell bwl o chwerthin afiach.

'*You, foreigners, so funny!*'
A gyda fy nhafod yn fy moch

diolchais iddi, wrth ei gwylio
yn myned ati gyda nerth deg ewin

i glirio'r dysglau nes eu bod eto'n ddisglair,
fy mod yn medru ei chadw mewn bwytai

a oedd gymesur â safon ei maethlonder.
A dyna pryd yr adroddodd wrthyf

am y rhyfel, yr un filain ac amdanynt
yn methu â chael reis yn bryd beunyddiol,

Rice Papers

(for Trinh, my interpreter in Vietnam)

I can see her now, gorging herself,
or gratefully picking at her teeth

with a splint, her mouth perhaps wide
with declaration, 'This is the best place

of its kind in the whole of Vietnam.'
And I'd ask in all innocence,

'How many times have you eaten here before?'
And always she'd say, 'This is the first,'

as she reached for a flaccid wad of dong.
She was my host, my voice,

my chancellor, my maid.
'Too expensive to eat in places like this

except with a foreigner paying.'
Then, through ginger, hoisin and Cha Gio,

all the flavours of the world on her dripping lips,
she'd loose a knotted, sickly laugh:

'You foreigners, so funny.'
And with tongue in cheek

I'd thank her kindly, as at it she went
with talons ten,

till not a smear bedimmed each gleaming bowl:
that I could keep her in restaurants

was as nourishing as any menu's boon.
And that's when she served up for me

the vicious war and how it robbed them
of their daily rice:

dim ond *baguettes*, a'r rheiny'n esgyrn sychion.
Hwythau yn llwgu am berlysiau, eu moethion.

Weddill y daith gyda'i newyn yn fy nghof
– fe wleddais ar ei gweld yn glythu drosof.

Lladd Amser gydag Angau

(Amgueddfa Mütter, Philadelphia lle cedwir offer
a ddefnyddiwyd gan hunanleiddiaid)

'Peth preifat yw marw,' meddai'r meidrol un, a'i anadl
heb ddadl wrth weld dyddiad a hirnod digwyddiad.
Cans i rai, nid diwedd eu gyrfa ond dechreuad
yw angau, fel y gwelir o'r newydd megis mewn dameg.

Po fwyaf dwys y distawodd, mwyaf yr awn yn chwilfrwd
at amrwd offer rhwyddino ei dranc a'i drengi;
yn drywanu, yn dagu, yn fygu neu'n losgi:
diwaharddiad yw'n cerddediad at yr ing-wahoddiad.

O weddi cynteddau cenlwyd at farmor dienaid,
at danbaid ddychmygus dorf fu'n amgloi eu bywydau.
Bellach, heb allwedd, o ddrôr i ddrôr, hwy a ddyry
holl waelodion hanesion, annirgel, ysgeler.

Mae marw'n anfarwol. Ni wnelir eu hewyllys
i fynediad anhysbys, yn ddienw dônt, enwogion
a'u holion a erys, yn garreg fain neu'n nodwydd –
hyd at aria'r darfodedig, sy'n cyrraedd iselfannau

yn hyglyw bersain. Yma, sbectol opera a fu mor gyfan
sy'n gyflafan ymysgaroedd, celloedd yn felodrama
wrth dduo i derfyn. Diau, caed corws a'u lleisiau'n crynu
nodau tynnu' r llen, wrth yddfu ei ymadawiad.

Na, nid oes ymguddfan i angau pan dry creadur
yn awdur difa celfyddyd ei gnawd; o'r dim fe erys
yn amgueddfa'r cofiannau, yn bethau rhad a berthyn
i gyhoedd a dreulia oes yn holi am groes. A oroesodd?

bread was their lot, as they starved
for their luxurious herbs – bone-dry baguettes.

The rest of the trip, with that hunger in mind,
I dined on the sight of her feasting for me.

Killing Time with Death

(in the Mütter Museum, Philadelphia, where there is a
collection of instruments used to commit suicide, including
an opera glass lens which had been swallowed)

'Death's a private matter,' says the mortal one, breath
unbothered by sightings of date or event horizon;
for death, to some, is less nemesis than genesis,
a seeing, as if in parable, anew.

The wretcheder the ruin the more we're avid
for the crude helpmeets that were death's assistants,
stabbing, electrocuting, suffocating, strangling –
no holds barred on this stroll directed by death's finger.

From lichen-grey the lobby's prayer, to soulless marble,
to the hot-headed imaginary crowd who locked up lives,
lives now keyless; from drawer to shallow drawer,
fathomless with saga, grotesqueries unsecret,

death is deathless, their wills left undone:
those without name enter here upon fame,
their wakes endure, shard-scribed or needle-sung,
arias of the fugitive, plumbing the depths

yet sweetly plain. Here, what's left of an opera glass
wreaked havoc in the bowels: his cells' melodrama
meant curtains for him, a chorus, no doubt of trilling voices
fading out with the lights as they tolled his demise.

There's no hiding place for death when a being turns
decomposer of the art of his flesh: all that remains
in the museum of bios is cheap kitsch, the stuff of a public
locked all their lives – is there survival? – in search of a cross.

115

Un peth a wn, camera obscura yw einioes adyn,
eiliad o lygedyn, anamorffig mewn stafell dywyll
yn crefu am ddirgelwch. Onid delweddau'n ystlenni
o'r drychau â drwom? Oer onglau rhwng pelydrau?

Troedlath Serch

'Chei di ddim cerdded drosta' i,' meddit.
Eto, gwn heb ateb, y cerddwn oll ar draws
y byd, ddwywaith a hanner yn ystod einioes.

Pa erw ohonot na theimlodd ôl fy nhroed?
O'r gorau, camu ar letraws, gwadnu sawl mil
dy nerfau a wnes. F'anwylyd, onid cibyn ŵy

yw'n cread o gnawd? Palfau'n amgau'r palis?
A sawl taith ddirgel a fentrais i'r dde a'r aswy?
Plygor ac estynor; atblygon yw'r cerrig prawf.

A'n cyhyrau yw curiadau cariad. Ar daith,
ie'n droednoeth weithiau ar randiroedd cul.
Llestri gwaed yn siglo wrth ddod at groesffordd.

Pa un â'i sang sydd heb glwyfo'n ddwfn ar lôn?
Sefyll yn fy unfan a wnaf yn ofni neidio i'r nos.
Ofni caenen yng nghof pob eira llynedd.

Ac mor brin wyf o ddaearyddiaeth dy ddynolrwydd.
Wrth roi bys a bawd amdanat, gwn mor ddigwmpawd
yw'r galon. Gwlad anial i'w threfedigaethu ydyw.

A deallaf mai diongl yw meidroldeb:
yn begwn gogledd a de, myfi yw'r newyddian
sy'n croesi'r ynys i'th ddwyrain. Yna'n araf, araf gropian.

One thing's for sure, our foolish lives are a camera obscura,
a shape-shifting, momentary blink in a room dark
with mystery's yearning. Aren't we images born
of the mirrors that mine us, cold angles caught between rays?

Love's Treadle

'I'll not let you walk all over me,' you said.
Yet I know without responding that each in a life
walks two-and-a-half times around the globe.

What acre of you has not fallen beneath my foot?
Sure, I moved crab-wise, ground beneath my sole
a thousand of your nerves. Is our universe of flesh

But an eggshell, my love, our palms enveloping thin divides?
On mystery tours left and right I ventured,
sounding out nerve-endings, reflexes, joints,

our muscles the very pulse of love. Roving, yes,
and yes, sometimes naked of foot on narrow landstrips,
blood-vessels quaking at every crossroad.

Whose tread that leaves no wound in its wake?
I stand where I stand, fearing leaps in the night,
fearing every slab of yesteryear's snow.

Of your human geography I am bereft,
knowing, as I touch finger to thumb, how compassless
the heart, what a wilderness it is to tame.

And how angle-free, well I know it, is mortality.
here's me, the novice, divided north and south,
crossing the island to your east, then slowly, slowly crawling.

Cu Chi
(Fietnam)

'Cwtsha,' meddai'r dyn camera
yn gwta. 'Cyfri i ddeg, yna sleifia
i fyny i fyw llygad y lens – a gwena.'

A doedd neb arall yno,
yn y twnnel, yn dalm cryno,
dim ond ymlusgiaid a phryfed

ar led. Y di-sôn lwyth ar annel
a'u hadenydd ar estyll
yn gorgyffwrdd â chneifion

rhyw gilion yn hygaru'r ogof.
Clo dadl oedd clywed seiniau
main, mewn pwll o lygredigaeth.

Clap pridd yn gymysg â chlwy' pry
yng ngholuddion bodolaeth;
ceudod a chafnau mewn digonedd.

Pa eisiau'r dihenydd ymhlith
osgo mor afrosgo â'r rheiny?
Eu llygaid yn rhythu tywyllwch.

Wedi'r cwmanu, dyfod
i olau cariadus, i'w wyddfod,
a deall fel y blingwyd ing

yn gynt na'r Fietcong unwaith,
gan fachigion mwy distaw
yno'n cwtsho yn Cu Chi.

Cu Chi

(Vietnam)

'*Cwtsh* down,' said the camera man
breezily, 'count to ten, then slide back up
eye to eye with the lens, and smile.'

And there was no one else
trying to shrink into that poky tunnel,
nothing but – everywhere – slitherers

and scuttlers, the cocked coterie
with their planky wings
rubbing against the feculence

of other cave-adoring flies,
debate stalled by thin screechings
in a slough of corruption,

mud pats rank with bug disease
in the bowels of being,
hole upon visceral hole.

What need of an executioner
among mini-monsters like those,
their eyes discharging desolation?

To come then, from crouching, forth
into the presence of beloved light,
and to understand how terror was flayed,

quicker than by any Vietcong,
by these taciturn mites
cwtshing down in Cu Chi.

Mai

Duw gwyddiad mai da y gweddai
dechreuad mwyn dyfiad Mai
DAFYDD AP GWILYM

Molwn fis Mai, yn nhraed fy sanau,
moesymgrymu ger ei fron, â chân;
yn 'stafell ffrynt rhyw widw o wniades,
papur sidan yn troelli'n ffrogiau llaes:
o'r gesail hyd at ddistyll y fron
daliwn fy anadl, rhag brath
y pinnau'n bachu fy mhechod.
Pwyth fesul pwyth, plwc yn troi'n dwc –
un twc a thac oedd fy nhegwch.

Rhyw ladi croesawu'r haf oeddwn i,
yn ffoli ar goesau heb ffiloreg,
penliniau fflwsh, yn y golwg,
cotwm a gingam yn llawenhau
wrth ryddhau ambell wên o bais
broderie anglais
yn esgus torsythu'n osgeiddig
ymysg ysbrydion o wisgoedd,
di-blet yn eu patrymau perffaith.

Erys ingoedd gwisgoedd. A'n gwasgaru:
treialon o ddefnyddiau fel y rhedant
yn benrhydd o'r bawd, yn edau strae
nes eu hachub drachefn, yr eilwaith;
pwythau o gynlluniau i gorlan,
a'u diwyg, yn cadw'r bryndir
rhag llithro dros y dibyn.

Ac o erw lonydd y 'stafell ffitio,
aeth geneth a fu'n dryloyw
yn haenau o batrymau.

'O dan esgyll dail mentyll Mai',
y wisg weithiau a blisgai
yn blith draphlith yn y goedwig
– yn anterth ambell 'Cymer haf'.

May

God knew it would be seemly
sweet beginning to burgeoning May.
DAFYDD AP GWILYM

Let me praise May in stockinged feet,
bow before her with a psalm.
In the front room a widowed seamstress
would turn silk-paper into dresses.
From the tideline of underarm to breast,
my breath held in case of a pinch,
were the hidden, innocent pins.
Stitch by stitch, tack by tack,
tucks to make me beautiful.

And me, the flibbertigibbet,
foolery above bare legs,
rosy knees in full view
in joyous cotton gingham,
a glance of petticoat,
broderie anglais
showing off larger than life
among the phantom dresses,
unpleated from their perfect patterns.

The pain of clothes. How they pinch.
The trial of cloth, how it slips,
how a thread unravels
to be saved and used again;
the pattern pinned to a fold,
fabric to hold hills
from slipping over the edge.

From the quiet acre of a fitting-room
a girl goes transparent
in layers of patterns
'under the cloak of May leaves'.

But sometimes, under the foliage
the cloth unpeels, dishevelled
in the forest of some take-me summer.

Ac untro ar wely'r pîn,
taerwn mai pinnau bychain
mewn asen oeddynt, yn cymell
imi ddal fy hunan, yn dynn
ym mharlys parod ei pharlwr
– pin rhwng ei gwefus

wrth i'w bysedd oer fy nal
rhag gwniad rhy fregus –
rhag datod amdanaf –
rhag llawenhau gyda'r nwydau
sy'n ddinodwydd wrth gyfannu –
wrth ddiosg ymaith
rywbeth amgenach na chnawd.

Porciwpein a Gronyn o Dywod

'Dw i eisie bod yn ynys,' meddwn.
'Ond wnei di byth greu teyrnas,' meddit.
Ninnau, Môr Tawel o'n blaenau
yn croesi traeth yn droednoeth.
Gwaeau'r byd yn fidogau llonydd
yn y lli'n gloywi.

A dyma frath ar groen!
Pwll ei dafell yn digio â mi;
a dyma thi, ar lin,
                    deufin ar led
yn sugno'r gwenwyn treisig
a'i boeri 'nôl at rwyden ei lygad.

Oriau wedyn, nid oedd dim
ond gronynnau o dywod
yn crensian rhwng cig dy ddannedd.

Ac mewn llosgfan gudd ar y croen
aethom finfin i adrodd wrth y don
am ddau anadl, yn genedl newydd.

And once on a bed of pine needles
I'd swear the little pins
in my ribs were hers, a hint
to make me hold myself in check
paralysed in her parlour,
a pin between her lips
as her cold fingers kept me
from my frail matter
from my own undoing
from passionate celebration
that needles as we unite,
undressing
more than flesh.

A Porcupine and a Grain of Sand

'I want to be an island,' I said.
'But you'll never build a kingdom,' you said.
Barefoot, we crossed the beach,
the Pacific in front of us:
the world's woes shone in its waves,
silenced blades.

Then something bit me!
Quintessence of spikiness picked a fight with me.
You fell to your knees, lips open,
sucking the foreign poison
spitting it back to its blind, milky eye.

Hours later, there was nothing
but grains of sand
crunching between your gums,

another itch on our skins.
Mouth to mouth we told the waves
of two breaths, a new nation.

Haf yr Hanner Nef

Bydd dyn â rhaca bob bore'n claddu, dros dro
feiau'r oesau a fu a'u rhoi oddi tano.
Benthycwyr newydd y traeth, ar grwydr.

Blith draphlith eu trugareddau
yng nghrygni'r llanw, ffiolau'n gwegian,
mor oesol â'r ysfa i godi cragen,

fel y gwnâi'r pererin ers talwm;
trysor rhad, er mor wag ydyw.
Awn adre â hi fel baban newydd-anedig

yn berl a ddaeth o fynwes dywyll
ag ynddi sawr rywsut o'r gwyrthiol
y tu hwnt i'r traeth sidan, gwylaidd.

A bydd atal dweud y don
yn dal ei hanadl at ein ffenestri o rew –
cyn arllwys ei bedydd i'r elfennau.

A bydd y traeth o'r newydd fel cewyn glân –
i'r tylwyth sy'n dal i gropian –
a'u bysedd yn awchu troi'r llwch yn aur mâl.

This Summer Was Nearly Heaven

Every morning a man with a rake
is burying yesterday's sins,
putting it all behind him
– the sands' wandering new tenants:

their things straggle everywhere
on the hoarse tide, bottles rock –
never-ending as the longing to pick up a shell

as the pilgrims did, long ago:
empty, yes, but a treasure, a gift.
We will take it home like a newly-born child,

a pearl from a dark breast:
somehow it has the lustre of miracle,
it shines from a place beyond
the silky, humble beach.

And the waves will stutter,
will catch their breath
faced with our windows of ice,
then pour their baptism to the four winds

and the beach will again be a linen cloth
for this tribe that's still learning to crawl;
their fingers itching to turn
silvery sand into powdered gold.

Rhwyg

There was a conversation in the camp about an SS man who had slit open a prisoner's belly and filled it with sand.

JEAN AMÉRY

Ar Dduw 'roedd y bai
am roi i ni ddychymyg.
Felly, un dydd i ladd amser

dyma fwrw coelbren
fflach ar fflach a fi enillodd.
'Gwan dy gylla,' medde'r gweddill.

Ond dyma fwrw ati o ddifri;
codi plwc, a gyda thwca
mewn llaw, un agen oedd eisie.

A dyma'i berfedd yn llysnafu.
Môr Coch ohono'n drewi
a doedd dim amdani

ond rhofio gro mân i'w lenwi.
Banllefau o chwerthin erbyn hyn.
Wedodd e'r un gair. Cau llygaid

a rhyw fwmial gweddi.
Sbŵci wir. Sbies i wedyn
rhag ofn i'w enaid lamu.

Heb gelwydd. 'Sdim c'wilydd.
Trecha treisied. A synnech chi
fel y gall un cnawd-agen,
fod mor rhwydd â thorri cneuen.

Crack

*There was a conversation in the camp about an SS man
who had slit open a prisoner's belly and filled it with sand.*
JEAN AMÉRY

It was God's fault
for giving us imagination.
So one day, to pass the time

we drew lots, struck
match after match, and I won.
'No stomach for it,' they cried.

But I was dead serious,
bold, held the blade.
One incision would do it

and there, his guts slithered out,
a stinking Red Sea.
Nothing left to do

but fill his gut with sand.
By now they were howling with laughter.
Not a word from him. Eyes closed

he just murmured a prayer.
Spooky too. So I glanced
in case his soul leapt out.

Not a word of a lie, there's no shame.
Power rules. You'd be surprised
how cleaving one slit in flesh
is easy as shelling a nut.

Nam Lleferydd

Heb nerth yn fy ngheg,
dysgais redeg yr yrfa yn stond,
heb rychwantu'r nendwr;
heb y llythyren fawr, mewn llyffethair own,
rhyw greadur mewn magl yn ei gwendid,
yn nadu, heb im dafod chwaith i rwydo'r byd,
cael fy rhaffo gan eraill a wnawn
– i dras y bras a'r bregus.
Beius ar wefus wrth honcian cytseiniaid,
methu rhedeg reiat na throi campau'n rhempus.

Yn hwyr y nos pan oedd eraill
yn anwesu gobennydd, dysgu'r sws gyntaf,
troi at fantachu arall a wnawn inne.
Treio, treio, yn chwys yr oriau cudd –
llefaru, troi'r geg yn sigl fawr,
ymrafael, rheibio'r geg a'm cadwai'n rhwth.

Dôi cynghorion wrth imi dyfu.
Rhowch gorcyn dan dafod.
Ond ar wely'r dannedd
ni wnâi'r marblys ddim at y parlys,
ni allwn ddringo'r allt ry serth.

Nes undydd, daeth ffrwydrad.
Dannedd o dan ddeinameit –
taro'r parwydydd â dirifedi 'ngeirfa –
'rhyfeddodau'r wawr' o fewn fy nghlyw
yn rhwydd. Minnau'n rhydd
i ledu seiniau yn fy ngwddf –
consertina'r enaid yn ddihualau.

Ac yn y wyrth,
rhedeg rownd gororau'r geg
a wnawn. Heb gymorth.

Malediction

Weak in the mouth,
I learned to run, treading air, the *yr* race
avoiding rolls in the roof, and side-stepping
the big letter; in fetters, I was,
a creature snared in its own weakness,
whimpering without a tongue to net the world,
roped and branded by others,
consigned to the brood of rickety and rough,
gone in the mouth, a honker of consonants,
barred from running riot or feats of derring-do.

Midnight would find me, while others
caressed pillows learning how to kiss,
rapt in unsweet murmurings,
trying, trying, in a secret sweat, trying
to give utterance, the mouth become
a great cradle of quarrel, robbed and left agape.

Advisers, as I grew up, advised. Put a cork
beneath the tongue. But on the bed of teeth
the marbles worked no marvels,
the gums climbed too mountainously high.

Then – *bwmff!* – one day a bomb in the mouth,
a denticlastic dynamiting
that ripped the partitions into words without end,
wonders in abundance
assailing my ears, declaring me free
to launch sounds in the throat
from the squeeze-box of a soul
paroled at last.

A miracle then?
That I stride the mouth's peripheries
with no further need of ramp.

Ond weithiau pan lefaraf,
deallaf beth yw dieithredd
a phob sain, yn staen ar fyw;
a bydd y Gymraeg
o hyd, yn iaith cyllyll a ffyrc,
yn iaith cerrig calch,
yn Gymraeg Sioni Wynwyns
neu'n llediaith laith

wrth i mi godi'r *rrrr* i'r to
yn anghaffael nad oes ildio iddi.

Plant yn y Gwynt

*(Ajurr – enw epil Namarragon sef dyn y mellt yn iaith yr
Aborigineaid ac enw ar sioncynnod y gwair yn cynhyrfu storm)*

'Mae'r gwynt ynddynt,' meddent
o wybod eu cylchdroi yn ddail crin
yn hin yr hydref, a'u hysgwyd;
eu cosi a'u hymaflyd, yn syflyd
nes i'w cyhyrau gleisio'n godwm.
A daw'r paffiwr trwm anwel, taro'n ôl
fel epil Namarragon:
ciwed o sioncynnod y gwair
yn neidio'n eurlas, fioled ac ambr;
mellt a tharanau'n ysbrydegu.

Ajurr, plantos ar dân tir eithin,
codi cweryl a wnânt, cricsod iach
ymysg y deiliach. A'r cryts ifanc
yn llawn gwanc,
fflamwibiog eu llam
yn y gwynt, yn hilio'r helynt.

Yet sometimes when I speak
I know what strangeness is,
where every sound's a slur,
and the Welsh is still
cutlery a-clatter Welsh,
mouthfuls of rock Welsh
Sioni Wynwyns Welsh,
else a simpering lallation,

and though, yet higher, I raise the roof,
a flaw beyond fighting.

Children in the Wind

> *'Ajurr' was the name in Aboriginal language for*
> *the progeny of Namarragon, the lightning man, and*
> *a name for the grasshoppers who stir up the storms.*

The wind was in them, they'd say,
knowing how they were whirled like withered leaves
in the autumn weather, and shaken,
tickled and taken hold of, tossed about
until their muscles were bruised in a fall,
as the unseen heavyweight hit back.
They were like Namarragon's offspring,
a swarm of grasshoppers
leaping gold-blue, violet, and amber,
thunder and lightning, in spurts.

Ajurr, children of the furzeland on fire
starting a squabble, healthy crickets
in the mouldy leaves, the young scamps
filled with cravings,
flitting flames
in the wind, in frolic and fret.

Tywydd Teg

Down i'w harfer yn fore. Iaith tywydd teg
a chwerthin mewn dwrn am frowlan cawodydd
– digon i bydru'r bryn. Ni welwyd eu bath.

A'r tasgiad yn cau amdanom. Ein ffenest
yn llond llygaid o hinsawdd. Nid hyddysg
na wybu am drafod glaw lladd llau. Ymysg

testunau eraill llawn dadl. Ai eira Rwsia
neu America ddaeth ar ein gwarthaf? Ai gwyddau
a'i cyrchodd yma? Pynciau aml glustogau

sy'n diferu ymgomion. Eled oriau hirlwm
i ordrafod hindda. Nid oedd fel y stormydd a'r crwyn
yn wlyb sop. Yn ffyrnigo. Cofio'r clamps. Matryd sanau

a boddi traed mewn padell dŵr poeth. A soddi
ein bychanfyd o bwll tro. Eto, doedd dim fel daear
grinsych i ysgwyd tafodau o'u dihidans claear.

Hyd heddiw, ymunaf â'r addolwyr tywydd,
clywed am leuadau sychion heb ddylanwad
gwynt traed y meirw yn mudo ei gennad.

Pobl yr hen dywydd ydym. Ar drugaredd hwyliau,
yn gochel rhag craswen, yn cyson osgoi
bloeddiadau sydyn drycinoedd. Yn amdroi

arnom ein hunain. Ynom y gwir ofni:
nosi o'r tywydd tu hwnt i dymhorau,
a'r cau miwn go iawn. Wedi'r taranau.

Fair Weather

We get used to it early. The language of fair weather,
and stifled laughter at the thrumming of enough
showers to rot the hill top. No one's seen the like.

The splashing would close in around us. Our window
eyefuls of climate. You're not well educated
if you've never talked of rain killing fleas. Among

other debatable subjects. Was it Russia's snow
or America's that's overtaken us? Was it geese
brought it here? The topics of plump cushions

dripping conversations. Bleak hours would be spent
in discussing fine weather. It wasn't like the storms. And skins
soaking wet, dripping. Remembering the feet. Taking socks off

and drowning feet in bowls of hot water. And sinking
our little world in a whirlpool. Yet nothing was like parched earth
to shake tongues out of lukewarm indifference.

To this very day, I am one with the weather worshippers,
hearing of dry moons, the ineffectual
whiff of dead-men's-feet, till its message moves on.

We are the old weather's people, at the mercy of its whims,
wary of saucy smile, constantly avoiding
tempests' sudden outcries. Turning in

on ourselves. Inside us, the real fear:
the nightfall of the weather beyond the seasons,
the true closing in. After the crash of thunder.

Eira

Eira mynydd, mamolaeth heb freichiau yw,
treiners dan sang, traed plant ar weryd;
lluwch eira, carnedd o lythyron
heb eu hanfon, yn addoëri'n ddoeth;
bras yr eira, ôl pigiadau'n cardota,
eira'r gors ar fynydd yn llawn starts,
eira mynydd, heb gesig ar garlam,
eira mynydd yn troi'n iaith heb eiriau,
eira ar ddraenen ddu heb egin,
eira mewn encil, minflas enamel,
eira ar fysedd, yn ddwy law'n erfyn,
eira'n llatai, heb le, heb lety,
eira'n llethr – heb gâr, yn dismoeli.

Chwarae Eira

*We played happily as children – Protestants and Catholics...but as
soon as it snowed we always had snowball fights with the Catholics.*
IRISH PROTESTANT

'Does dim celu celwydd mewn eira.
Pan ddaw, nid oes edifeirwch o'i drwch.
Calch y dyn tlawd yw, a diau, dynes,
a'i liw yn ddannedd, esgyrn, mêr, ewinedd,
gwedd canser hefyd wrth grynhoi tu allan
i'n cnawd. A'i ffawd? Fe ddisgyn heb euogrwydd:
ig yw sy'n atal pob sgwrs cyn y sgarmes.

A phan ddaw, daw'r eira'n hylaw
i arfogi cyfeillion, a'u troi yn 'nerco
ar fuarth lle bu concrit heb ei goncwest.
Dyrnau yn troi yn gasnodau,
yn drawstiau wrth gau llygaid yr ucheldir
a'r manna yn fanblu o gylchoedd;
planedau gwynnaidd mewn rhyfel cartref;
dal cern, hergwd i'r asen, celp ar glopa
â syndod yn sydynrwydd ei gryndod.

Snow

Mountain snow, it's motherhood minus arms,
trainers underfoot, children's feet on earth,
snowdrift, a pile of unposted
letters, cooling into yesterday,
snow bunting, claw prints begging,
snow on mountain gorse full of starch,
mountain snow, with no mares galloping,
mountain snow becoming a wordless language,
snow on blackthorn without a bud,
snow in a shelter, enamel flavoured,
snow on fingers, two hands pleading,
snow as love messenger, 'no room, no lodging',
snow on the slope, loveless in dissolving.

Snow Play

We played happily as children, Protestants and Catholics – but as
soon as it snowed we always had snowball fights with the Catholics.
IRISH PROTESTANT

There's no hiding a lie in snow.
When it comes, there's no room for remorse.
It is the poor man's lime, and no doubt the poor woman's,
its colour like teeth, bones, marrow, nails,
the look of cancer too, as it festers outside
our flesh. And its fate? It falls without guilt,
a hiccup halting all chit-chat, before the skirmish.

And when it comes, it comes in handy
for arming friends, and turns them dim-witted
in a yard whose concrete has not known conquest;
their fists clutching it, its splinters
beams as the eyes close on high,
the manna downy spheres;
white planets in a civil war,
jaw clipped, ribs thumped, noggin clouted,
surprise in its sudden harsh shudder.

135

Ai caseg eira yw casineb?
Ai fel hyn y digwydd gyda'r chwarae
wrth droi plu yn llawn pledu?

Hir yw'r cof catholig,
di-do ydyw dan grud eira;
dannedd o'r penglogau'n cnoi
hen, henaidd anwireddau.

Twll y Glaw

Curo'n wyllt a wna'r glaw,
tapio ar ffenestri wrth dynnu sylw,
canu salmau am gawodydd swil,
bwrw hen wragedd a ffyn, ffordd hyn,
cyn bwrw cyllyll a ffyrc yn dwrw.

Unwaith, do, gwelwyd cawodydd:
llyffantod ar ffo'n neidio,
silod o bysgod yn haig o ymborth.
Ond daeth penbyliaid wedyn, penio
tua'r cread ynghyd â'r acrobatiaid
o lyswennod, nes i'r glaw atal ei lanw.

Nid adnod newydd yw hon.
Medd haneswyr yr hin –
fe gludwyd sudd y tamarisg
a'i roi'n fanna yn Wadi Feiron.
Bu tystion yn taeru i gen y cerrig
a'u cawodydd lynu'n ddig wrth greigiau
nes blisgo'n y gwynt, hifio danteithion.

A do, bu'r glaw yn ymborth i'r newynog;
yn iro tafod gan roi blawd ger môr Caspia
yn seigiau sawrus. Do,
ceryddodd y cnau cyll y ddaearen
wrth i hadau mwstard a maidd
droi'n ddeheulaw o law, yna'n bys a ffa.

Is hatred pelted snow?
Is this how it happens with play:
the flakes filling with flaying?

The catholic memory's long:
it is roofless, under snow,
the teeth of skulls gnawing
old, obsolete untruths.

Cloudburst

The rain, it beats wildly,
taps on windows to attract attention,
chants psalms about bashful showers,
spills (as we say) old women and sticks hereabouts
before a clatter of knives and forks.

Once, yes, showers of toads were seen
leaping off in flight,
fish spawn, a shoal of a meal,
but then came tadpoles, heading
for creation, along with acrobatic eels,
till the rain halted its downpour.

This adds nothing new to the Bible.
Historians of weather say
that the tamarisk's sap was carried
and bestowed as manna on Wadi Feiron.
Witnesses swore that showers of lichen
clung to the rocks until with a wind
it peeled off as delicacies.

And yes, the rain was food for the famished,
anointed a tongue like the flour near the Caspian Sea
that was turned into tasty meals. And yes,
hazel nuts chastised the earth
before mustard seeds and whey
became a benevolent rain, then peas and beans.

A rhwng y cawodydd anfarwol hyn
fe gawn ddafnau byw sy'n loyw,
yn ddistyll tryloyw, yn ddiferion glân
o ffynnon sy'n fendigaid.

Cawodydd croesion
– digon i foddi'r lleuad lawn.

Gwynt

...yn gwneud y gwyntoedd yn negeswyr...
SALM 104

Ar ben mynydd-dir, daw'r gwynt ar ffo.
Daw, fel ffroen yr ych atoch,
daw'n hwrdd sy'n topi,
daw gwrid llencynnaidd yn fochau fflam,
daw ar duth traed y meirw;
daw'n wylofain am lwyfan.
Daw, a'ch curo o'ch synhwyrau,
a'i chwibanogl ym mhob twll heb allwedd yn y clo.

A thry'n gellweirus dro arall
– pan ddaw'r eira i gadw cwmni;
dileu ôl traed bras yr eira,
troi ei law'n gerflunydd lluwchfeydd,
delwau gwynias ar ymyl cloddiau
ac allorau clir ym mynwes ffordd.
Yna, daw i draflyncu eira'n farus
cyn barbali straeon am y glog;
chwiffio'n chwareus ar ôl snoched y plu;
unwaith eto, ailafael â'i hyder
i ysgwyd y ddynoliaeth o'i chrib i'w thraed.

A daw â'i negeswyr at ein drws i ddatgan
– nad oes dim, dim hyd byth, yma, yn sad.

And among these unforgettable showers
we have living drops that shine bright,
a transparent distillation, pure drops
from so blessed a wellspring,

showers of crosses,
enough to drown a full moon.

Wind

...making the winds messengers...

On a mountain top, the wind will come in full flight,
come towards you like an ox's muzzle,
come as a butting ram,
come with a youthful flush, cheeks flaming,
come trotting on dead men's feet,
come wailing for a platform,
come, and beat you senseless,
its whistle in every cranny that's not under lock and key.

And another time it turns mischievous,
when the snow comes to keep it company,
wiping out the snow bunting's footprints,
trying its hand as sculptor of snowdrifts,
glowing icons at the edge of hedgerows,
pure altars, at a roadside.
Then it comes to gulp the snow greedily,
before blabbing tales about the cliff
whiffling playfully after tumbling the flakes,
getting a grip on its confidence once again
to shake humanity from top to toe.

And it comes to our door with its messengers to declare
that nothing has ever yet stood firm.

Mwlsod

Fe'u gwelais drwy wydr,
yn glaf amdanaf, droed a llaw;
eu gwadnau rwber yn nadu
y gallwn pes dymunwn
agor grwn esmwyth ar hyd lôn
a'i llond hi o lonyddwch.

Seibiannent am rwyddineb
y weithred o amgloi rhyw hoe
a'i horig yn ddiddigrwydd;
anifeiliaid anwes, wrth draed
eu meistres, yn erfyn maldod,
bysedd mwys yn y diwedydd.

Nid oes cefn cau i'r llopanau hyn.
Deallant ysfa'r mynd a dyfod,
i gamu allan ac yn ôl dan gysgod.
Deallant rinwedd yr holl anheddau
sy'n tawelu deiliaid i ymneilltico,
i fynd o dow i dow –
teyrngar rai sy'n dal eu tir
yn ddistaw bach ar droedle.

A daw eu defnydd, ambell awr
i ganu am y byd tu hwnt
i roi eich dwy droed ynddi;
wrth erchwyn gwely, byddant yno
yn geidwaid hawdd-eu-cael,
er y traed pridd a'u bendithia.

Ac yn y bywyd hwn,
lle mae gwadnau caled
yn concro'r concrid,
sodlau clinc-clonc
yn tarfu ar wylaidd dorf
a'u stacato o statws,

Mules

I saw them through glass –
longing for me, heart and sole,
their tongues of rubber calling
that I could, if I so wished,
open a smooth furrow along a lane
filled with peace and silence.

They lolled around the easiness
of mapping out a small rest,
an hourful of contentment;
lapdogs at their mistress' feet
awaiting caresses –
ambivalent toes at end of day.

These slippers have no backs –
they understand my need to come and go;
to stride out and home in shadow;
understand the virtues of soothing homes
whose inhabitants draw back a little –
ambling along –
the faithful who stand their ground
and mutely keep a foothold.

Their true use comes at times like these –
singing about a world beyond
(you could really plant both feet there);
they'll be here at the foot of the bed
ever present guardians
despite these feet of clay they're blessed with.

And in this world
where hard soles
are slapping concrete –
clinking clanking heels
stuttering their status
cutting across the quiet congregations –

mae angen y rhai llariaidd
i sibrwd wrth y llawr
mor isel ydym – megis mwlsod.

Gwyn eu byd y llaprau o lopanau –
a etifeddant y ddaear – o leiaf weithiau.

Mynd yn Dywyll

Weithiau, daw'r gred mai mynd yn dywyll ydym oll
wrth fynd yn hŷn. Arafu gan bwyll bach
nes gweld mai nudden fore yw ar goll
yn chwilio man i orffwys o fewn ein hach.

Dro arall, honnaf mai niwl y mynydd yw
sy'n clirio pan yw'r haul yn cadw oed;
neu dawch y ddinas byla bob peth syw
gan ddrysu'r golwg a simsanu troed.

Ond wedyn, credu 'rwyf mai gweld yn well
a wnawn ar ddiwedd oes trwy wydrau clir –
wrth ganfod ynom ddawn i weld yn bell
ryw drem nas sylwom yn ein dyddiau ir:

Cans gweld ein gilydd ydyw'r golau llym
a wna i'n trem dryloywi'n llafn o rym.

Comed mewn Cae Mawr
(yn Media, Philadelphia)

Yng nghefnlen yr awyr – heno,
mae blewyn bach yn llygad y nos
yn cau amrant, fesul ciliwm.

the world needs these meek ones
to whisper to the earth
how low we are – like mules.

Blessed are the humble slippers
who sometimes, at least, inherit the earth.

Going Dim

Sometimes, the belief comes that we all go dim
to the world when older. Slow down cautiously
until we see it's morning haze that's lost
seeking a place to rest within our lineage.

Another time, I say it is the mountain mist,
that clears off when the sun arrives on time,
or city smog, blurring everything outstanding,
baffling the eyes and making feet unsteady.

But after all, I believe that we see better
later on in life, through lucid glasses,
when I perceive in us a gift to see far off
a sight unnoticed in our youthful days:

since seeing one another is the piercing light
that makes our sight transparify, a laser beam.

Comet in a Field
(Media, Philadelphia)

On the backcloth of the sky tonight
a small hair in the night's eye
closes the lid, cilium by cilium.

Ninnau, mor llygad-agored ydym
yn awchu dal gefeilian mewn llaw
a'i thynnu'n rhydd, tuag atom.

Ebrill arall sy' ar y deintur;
rhyfedd fel y gall un glöyn aur
gosi'r entrych uwch y lliaws gwydrog.

Ninnau, mewn maestir yn Media –
y tu hwnt i synnwyr amser a'i bellter;
bresych sgwnc sy'n dial yn ddrycsawrog.

A chyn damsang arno, llais o'i lewyg:
Pam nad ystyriwch holl egin y pridd
unwaith yn y pedwar amser, yng nglas y dydd?

Croen ac Asgwrn
(i Tony, cyn ei lawdriniaeth)

Nid cnawd a'n tynn at gariad,
er llyfned croen eboni neu laeth,
dibloryn wyneb prydweddol.

Na, y mae'n sylwedd yn symlach
ac nid bloneg yw. O ddifri –
amlhau a lleihau a wna braster.

Ond nid oes mynd a dod i'r bonion:
maent yno'n brifo at yr asgwrn,
tu hwnt i'r tân ar groen sy'n poethi

neu'n llonni. Dyna dynfa cariad –
mân esgyrn caru; yn fwndel
sy'n llawn troadau o symudiadau.

Bydd sŵn ein hatblygon yn hyglyw –
clec uwch pen-glin neu benelin;
O, fel y down i ddeall eu bod yno

144

And we, how wide-eyed we are,
craving to have tweezers in hand
to pluck it free, towards us.

Another April's on tenterhooks;
strange how one gold speck can tickle
the firmament, and the binoculared crowd.

And we, in a meadow in Media,
beyond the sense of time and its distance,
arouse foul-smelling skunk cabbage.

And before we tread on it, its voice from its swoon:
Why won't you consider all the shoots of the earth,
once in a blue moon, in the light of day?

Skin and Bone

(for Tony Conran, before surgery, 1998)

We aren't seduced by flesh
however smooth an ebony skin
or milk-white face of beauty.

Our substance is much simpler
and it's not fat. Seriously –
that waxes and wanes.

The stumps don't come and go;
they are there, they ache to the bone,
beyond the fire which consumes the flesh

or licks it. The pull of love?
Tiny, fine rasps of bones; a bundling
of twists and turns.

The sound of their turning is clear –
a knee's creak, a deathwatch knock
tells us they're there.

y tu ôl i'r croen. Yn ei hoen a'i henaint.
Rhyw genfaint o esgyrn sy'n hyrddio
wrth i'n mêr eu meidroli.

Caraf dy benglog a'th ddannedd
am eu hamynedd, wrth gefn dy groenedd.
Cans hirymaros yw'r creiriau.

A phan fydd corff yn masglu
mewn ffwrnes wrth ildio anwes,
ffromi a wna a grwniannu.

Edrychaf ymlaen at y dydd
pan fydd dau gariad yn canu
mai esgyrn brau a'u clymodd

yn nwydwyllt am asgwrn cefn.
Na, does dim ail i serenâd
ysgafn y galon am ysgerbwd.

Ac onid gweled trwy rith a wnawn
belydr-X ein byw, a chariad yn ystum
a gân y salmydd am lyn cysgod angau.

O darth ein cnawd, daw ein cragen yn glir –
i'n cynhesu â phob tywyn tyner
hyd at awr ei machlud styfnig.

Cig oddi ar yr asgwrn.

Llenni Cau

'Ydyn nhw'n caru?' Cwestiwn dwys
y dyn bychan a'i feddwl yn olau dydd –
wrth i lenni a'u gwefusau gwrdd,
taseli o ddwylo wedi eu gollwng, yn rhydd.

Beyond the skin, its vigour and age
a pack of bones snarls,
our mortality slopping their marrow.

I love your skull. I love your teeth
for their patience, which is beyond skinfulness.
How long-suffering relics are!

And when the body falls apart
in the furnace of passion
they are angry and craze.

I look towards the day
when lovers will sing that it was bone –
the longing for a spine

that twined them together.
No, there's no beating
the heart's light serenade for a skeleton.

I say, we see through a mist;
on life's X-ray, love is the shadow
the psalmist sings in the valley of death.

From our flesh-haze, our shell falls clear.
It warms us with its gentle sun
to stubborn sunset.

Flesh from the bone.

Closed Curtains

'Are they making love?' The small child's question,
since it was still broad daylight, and one could see
the lips of dainty curtains touching tassels,
the hands of someone having set them free.

A gwn mai gweddw sydd yno. Yn cuddio
rhag i'r haul drachwantu wrth weld
ei chelfi sgleiniog, rhag llam ei belydr,
ceidw'r parlwr yn dywyll rhag bradu'r seld.

Ofn arall sydd ganddi. Byr anadl lladron
yn clipo ar antîcs a'r antur am eu dwyn
i fannau pell, heb barch at eu hanes;
yr eiddo a roed iddi 'rôl claddfa'u crwyn.

A thu ôl i'r llen bu Beibl mawr yn llechu,
claspiau aur yn cadw'r Ysbryd yn Lân,
rhag cabledd cacamwnci'r llwyni
tu allan i'w drws lle mae'r almon yn ei chân.

Cipiadau ar ein creiriau. Tynged yw
sy'n agor a chau pob ffydd a ffestwn –
yn ofni i'r cilffenest gael trem ar y perihelion,
aros yn unig wnawn. Aelodau deri, heb smic. Heb sŵn.

Y Dydd Ar ôl Dydd Ffolant

*70% of all lingerie bought for Valentine's Day
is returned to the store the following morning.*

FINANCIAL TIMES

Ai fel hyn y digwydd?
Y dydd ar ôl dydd Ffolant,
tyrrant, pob un i'w antur,
yn fysedd mela'r trysor;
canfod tafodau sgwâr
a'r edau gwyn yn dirwyn iddynt,
y pris tu ôl i'r parsel.

Ac ai hyn fydd y gyffes?
'Bu ef mor frwd â chredu
bod fy nghwpan yn llawn,
wir, newydd sbon yw'r fronglwm.
Ac am y bach bachigol,
amryddawn iawn yn fy llaw

148

And I knew it was a widow there. Shutting
the sun out lest it passionately gaze
on her glowing furniture, keeping the parlour as a sanctum
lest the dresser be defiled by its throbbing rays.

And there's another fear. That thieves on catching
a glimpse of such antiques might gasp for breath,
and caring nothing for their history, cart them off,
these precious things of hers, passed down from death to death.

And there's a Bible lurking there, behind the curtain,
whose gold clasps keep the Holy Spirit clean,
lest it testify that near the almond tree outside
the burdocks in the bushes sing a coarse refrain.

Snatches at our relics. It's fate that every day
opens and closes faith and fancy curtains.
Fearing a corner chink would show the sun at noon
we stay inside, part of the furniture, the silence.

February 15th

*70% of all lingerie bought for Valentine's Day
is returned to the store the following morning.*
FINANCIAL TIMES

Is this how it happens?
The day after Valentine's day,
for all those women, flocking to love's adventure?
Their fingers, fondling their treasures,
discovering blunt-tongued labels,
the white threads leading to them,
the price behind the parcel?

Is this how she'll unburden herself?
'My man was so bold as to believe
that my cup was full to overflowing,
honestly, this bra's brand new!
And as for these – this cobweb –
I may have tricksy fingers

ond roedd cael dwy ffolen
i gamu iddo yn rhywbeth arall
gydag agen maint morgrugyn.'

'Y meddwl sy'n cyfrif,' meddant
yn garedig, a gwenu.
Ond fe ŵyr hi mai'r meddal arall
y mae e am ei feddiannu.
Yna, beth am y clasur glasaidd –
'Pa ias mewn gwlad mor oerllyd,
prynu imi rhyw chwiff o shiffon.'

Ai dilead fydd nod eu cread?
Rhyw amddifaid, diofyn-amdanynt,
yn ddieithriaid mor ddiwahoddiad.
Eto, nid afraid mo'r lifrai –
y rhai llai sydd am laesáu;

na feier 'run neilon na leicra
na'r gwawn lliw siampaen
na'r basg a'i dasg
o gyrraedd gwasg,
na'r tyciau lês sy'n plymio
i fannau na wna les;
na'r ŵn nos, esgeulus wisg,
y rhai ysgafn o dras
sy'n ffars rhyw ffansi –
yn dryloywon didrylwyr.
Hepgorion rhyw hapgariad.

Ac ai fel hyn y digwydd yfory?
Diddanion, manion mwyn
ar fin ein nos yn gweld goleuni,
cyn diflannu'n wib i'w plygion
rhubanau cywrain ar ffo
yn segur ddianwes;
serch sy'n ddi-dâl ei wâl –

onid yw pob ffetan yn dlos?

Cans is ydym na'r pilyn isaf –
yn noethi'n dragwyddol,
yn camu wrth ambell sant wrth chwantu.

but squashing my cheeks into this,
through that spider-sized gap, just isn't on.'

They say it's the thought that counts
(kindly, smiling as they say so)
but she knows that it isn't her thoughts
he wants to possess.
What about that red-light classic:
'A whiff of chiffon, in this cold country?
That's no way to give me the hots!'

Isn't their weave for the unravelling?
Unwanted, orphaned garments –
uninvited strangers at love's feast –
and yet their rampant livery's right,
these smalls that long to expand –

don't blame the nylon, the lycra,
the champagne-coloured floss
nor the basque and its task
of reaching the waist,
nor the lace pin-tucks which plunge
to the no-good places,
nor the rather-too-holey nightdress;
these flimsy things
are the farce of fancy:
transparently see-through –
the cast-offs of a chance lust.

And is this how it'll be tomorrow?
Playthings, the sweetest of nothings,
seeing daylight at the end of our night;
before casting off into its folds,
leaving the intricate ribbons
silent, unstroked;
love finds a bed where it will –

can't some people look good in a sack?

For we are lower than our underclothes –
always undressing ourselves,
but draw nearer to the angels, sometimes, in our passion –

Yn ffaelu â help
ffolinebu am undydd
wrth ddwyn i gôl
y ffôl a'r sawl a ffolant.

Cot Law yn Asheville
(yng Ngogledd Carolina)

Mynd heb got o gatre?
Na, hyd byth.
A hyd yn oed wrth ehedeg
i le diangen am hugan
daw gwlybaniaeth fy nghenedl
a'm tywallt, yn walltfeydd.

Doedd neb arall yn torsythu cot,
neb yn arddangos ymbarelau.
Ond po fwyaf tyner yw'r tymor,
mwyaf yn y byd yr ofnwn ei frath.

Dadlau oeddwn ger y bar
mor ofnus ddiantur oedd y Cymry.
'Fydde neb yn mentro gollwng cot law
rhag ofn rhyw ddilyw,
llai fyth bod mewn esgeulus wisg.
Sych genedl yr haenau ydym,
yn dynn at yr edau.'

Eto, pes gallwn,
fe ddadwisgwn fy llwyth,
plisgo fesul pilyn amdanynt
a'u dirwyn at eu crwyn cryno.
Eu gadael yn y glaw i ddawnsio,
arloesi mewn pyllau dŵr,
ysgafnhau mewn monsŵn o siampaen.

Ond y gwir gwlyb amdani yw
im gael fy nal, fy hunan bach,

we just can't help
one day's silky silliness
as we clutch to ourselves
the fool and his frills.

Raincoat in Asheville

(North Carolina 1997)

Leave home without a coat?
Not on your life –
even jaunting through a land
where a cloak would seem uncalled for
the damps of my nation
will find and drench me.

No one else was flashing a mac
or brandishing brollies,
yet the gentler the weather
the more we've reason, in our thin weeds,
to fear its sting.

How timid, I declared at the bar,
how unventuresome the Welsh.
'No one would dare leave a raincoat behind
for fear of a deluge –
still less neglect a negligee.
We like to keep dry, swaddled against
all outbreaks of flesh.'

I would if I could
undress my tribe,
flay them naked of every last stitch
and leave them dancing in the rain,
puddle-struck adventurers
levitating through a champagne monsoon.

But as a matter of dampish fact
I was caught myself

yn magu cot yn Asheville
a hithau'n cymdoga haf.
Ac yng ngwres ei lesni, ei gadael
yn dalp o neilon ar gefn rhyw sedd.

Ie, myfi o lwyth y rhag-ofn-leiafrif
yn cael fy nal gan anwadalwch.
Gwynt teg ar ei hôl
wrth imi ddychwelyd i Gymru,
yn eneth â'm dwylo'n rhydd
– yn gweddïo am storom Awst.

Remsen

*Nid wyf am roddi cyfle byth i'r brawd o Lerpwl gau drws yn fy
erbyn. Mae ef yn llawenhau fod y brawd o Remsen a'i bobl
wedi gwneud hynny.*

SAMUEL ROBERTS [S.R.], yn *y Cronicl*

Tŷ Cwrdd a'i ddrws clo. Pipo wnaethom fel adar y to yn craffu
benben â'r paen a thynnu penliniau fry ar lintel, ond gomedd
a wnâi i ni drem. Ei oledd yn cau pob goleuni. Ac am ein sodlau,
dudalennau hen gofiant o eira budr. Hwnnw'n hel ein sylw. Ond annedd
a'i llond o wres oedd ein hangen. A hi'n hwyrhau, haws dadlau
â chysgodion dan do. Ac yno, mewn tŷ tafarn, Seiat brofiad
oedd ein dyfod wrth i adnod, ar ôl ei hadrodd, greu lleisiau
o gyffro. 'O Gymru?' meddai llais gwraig â'i llond o fwg a derbyn.
Yn angof aeth cynnen gaeaf ein mamwlad wrth i wanwyn
y taleithwyr droi'n gantata dros genhadaeth ein barddoniaeth.
'Ond ble mae'r Maer a ble mae'r faner?' lleisiai un gan godi
asgwrn i'w glust a bu amenio i'w ymbil a'r cysegr yn porthi
ei dwymeiriau. Erbyn hyn, roedd y dorf yn gytûn, yn gynnes,
yn Gymry newydd, yn brolio achau hyd eu breichiau.

Gwanwyn oedd hi wedi'r cyfan. Codi pwnc a'r llwnc yn llawen.

Dau fath o aelod sydd i'w gael. Cwmwl dyst neu ddistaw.
A theimlwn wrth i'r llu baldaruo, fod yno, yn ei hosgo
Salmau o dan saim colur a diarhebion cuddiedig
dan fasgara o aeliau a welodd hindda a hirlwm yn cronni.

holding in Asheville's neighbourly summer
both court and coat;
black coat that in the heat
of a bluegrass moment
got left, a nylon heap, on the back of a seat.

Yes, I of the tribe of Don't-Get-Caught
was caught out with a vengeance
– 'A fair rain behind her' –
as I landed back in Wales,
a girl empty-handed
praying for a storm.

Stinger's Remsen

*Never shall I give the brother from Liverpool opportunity to close
a door against me. He rejoices that the brother from Remsen and
his people have done this.*
SAMUEL ROBERTS [S.R.], Llanbrynmair, in a letter to *Y Cronicl*

Closed to us the Meeting House doors, as we peeped like nosy sparrows,
spread-brows to pane – a wing against the glass, but caught
scarce a glimpse; light aslant shutting out light, our soles scuffing
a well-thumbed memoir of dirty snow. Cue, then, to seek out
some cosier abode; easier, late in the afternoon to contend
with shadows beneath a roof. And so, in a bar, we found ourselves
in a fellowship meeting where a verse, once recited, sparked cries
of excitement, a woman's 'From Wales!' husky with smoke and welcome;
forgotten the strife of our motherland's winter in that spring turned
by those upstate folk into a cantata for our poetry's mission.
'Where's the mayor? Where's the flag?' said a man raising a phone
to his ear, and spitting amens, hot and blue, to summon them forth
to the sanctum. The congregation were by now as one, all warmly
new Welsh, boasting pedigrees by the pitcherful:

early spring, it was; every topic unstoppered, a thrill to the throat.

Clouds of witness descend in only two forms: cacophany or calm.
And I felt in the thick of that babbling host a presence within:
psalms beneath the make-up's grease, and wisdoms laid down
under brows mascaraed thick with fair and unfair weather.

Do, sleifiodd ataf, gwasgu fy mloneg fel pe bai am brofi
meddalwch rhyw eirinen wlanog gan wybod mai chwiorydd
yn unig sy'n gwasgu fel hyn. Fel pe bai'r groth yn wylo
am ei gwacter. '*Twilight zone*,' meddai, 'yw Remsen,
tre Gymreig neu beidio. Yma, does dim ond hwyaid
i'w bwydo bob bore. A chodaf gyda briwsion y bore;
hwy yw fy ffrindiau, hwy fy manblu, fy anwyliaid,
heb sôn am yr un twrci gwyllt. Ac unwaith, diflannodd
i'r llwyni. A gwn y bydd llydnu cyn hir a lluosogi.'

Ac ar hynny, her-adroddodd am gyfrif ugain ohonyn nhw
mewn un oedfa ar ei rhodfa, a'u cyfri, yn igam ogam.

Erbyn hyn, roedd y dydd wedi dwyso'r prynhawn yn wamal –
a'r awel fain tu fas yn dew gan 'Dwrci Gwyllt' ei hanal.

Harlem yn y Nos

a state of mind

LANGSTON HUGHES

Meindio fy musnes? Ddaw e ddim i fardd
yn hawdd. Ei greddf yw'r weiren bigog
a'i chael hi'n drydan. Atgof nad oes mo'i chroesi.

Ond heno, mae'n hwyr. A minnau
am groesi'r ddinas. Ac mae'n ddu allan –
yn ddu llygoden eglwys. Amdanaf i

'rwy yng nghefn cerbyd sgleiniog
sy'n brolio ei ddüwch. Latino wrth y llyw,
mwy du na gwyn, lliw sinamon.

Ni ddeall Saesneg ond rhyngom, rhannwn
iaith olau'r materol a'i doleri,
yn wynion a gwyrddion ysgafn.

Yes, she slunk towards me, pressed my flesh as if in touch
with the softness of a peach, knowing that only sisters
feel the weight of such things, as if their wombs wept
with vacancy. 'Remsen,' she said, 'is a twilight zone.
Welsh town or not, here there's nothing but ducks
to feed every day as I rise among the morning's tatters.
But they are my friends, my downy ones, my darlings,
and the turkey, O! the one wild turkey…who wandered away
into the woods, and will surely hatch soon a brood of her own.'

Twenty, she declaimed, twenty she'd once proudly counted
zigzagging their way to some gathering somewhere.

Delivered, by now, was the fond afternoon to evening's door,
the cool air outside plump with many a 'Wild Turkey' of her breath.

Harlem, Night

a state of mind
LANGSTON HUGHES

Minding my business? It doesn't come easy
to a poet. Barbed wire's more her line,
electrified throughout, that none may pass.

But tonight it's late, I'm crossing
the city, and it's dark out, dark
as a sewer rat. Me, I'm reclined

on the back seat of a gleaming saloon that beams
with blackness. The Latino at the wheel,
more cinnamon-as-black than white,

has scant English, but between us we share
the white-and-light-green lit-up lingo
of materialismo's money.

Rydym hanner ffordd rhwng gadael
a chyrraedd. Hanner ffordd rhwng
myned a dyfod. O'r tu ôl imi

ardal Iddewig. Y rheini â'u hachau
yn nüwch Dachau a Buchenwald.
Daw du er hynny yn lliw newydd

ymhob oes. A heno, taith ddirgel
yn y nos yw, a minnau'n wanllyd
gan wynder, wrth wibio trwy ddüwch

a'i drwch oriog yn Harlem. Ac yno,
nid oes goleuni. Ni threiddia holl rymoedd mân
– na llifoleuadau Manhattan yma

na dod i wincio'u llewyrch. Coch yw'r golau
a chawn ein hunain, myfi, y Latino
a'i gerbyd, yn hirymaros i'r gwyrddni

ein rhyddhau eto i'r cylch o ambr
fel caethweision yn cael dringo
mynydd i rythu ar yr haul yn codi.

Ond nos yw hi. Hanner nos er hynny,
ninnau rhwng gwyll 'nawr a goleuni,
hanner ffordd rhwng hanner ffordd

a chyrraedd. Fforddolion mewn dudew
ac wrth nesáu, daw'r goleuadau
i losgi'n ysgafn fy nghroen a'm sgaldanu'n ddu.

Na, does dim fel euogrwydd y dieuog,
ymresymaf â mi fy hunan,
wrth estyn rhyw gildwrn iddo

a gweld ei balf yn cau mewn düwch –
a diolch. Ac wrth imi ddringo i'r cae nos,
fe wn fod yr awr dduaf wedi hen, hen, hen ddyfod.

We're half way between departure
and arrival. Half way between
going and coming. To the rear of us,

a Jewish quarter, whose forebears knew
the blackness of Dachau, of Buchenwald.
But black becomes, in every age,

a new colour, and tonight, this dark night
it's a mystery tour, me wan with whiteness
as we career through the dark

and the unstable, lightless depths
of Harlem, where not all the might
of the floodlights of Manhattan

can so much as wink their brilliance. Red is the light,
and here we wait, me, the Latino
and his automobile, wait for the green

to release us into that realm of amber
like slaves compelled to climb a mountain
to feast their eyes on the rising of the sun.

But it's night, the very dead of midnight,
and here we are between dark and light,
half way between half-way and our

destination. Travellers benighted,
and as we draw near, the lights begin
gently to burn and scald me black.

No, nothing like the guilt of the innocent,
I reason with myself,
as I hand the driver a tip,

see his fist shut tight in blackness
and thanks. And as I ascend to the fields of night
the darkest hour, I know, is already here.

Cath i Gythraul

(Ada Berk, 93 mlwydd oed a ddaliwyd yn goryrru yng Nghalifffornia)

Fe'i ganwyd i ganrif lle roedd pwyll,
yn gwilsyn, ger cannwyll;
cynfyd, lle roedd cerdded
tu ôl i aradr, yn sythweled.

Yna, daeth cerbydau i ganu
ac ambell un i reddfol lamu.
'Pa werth aden heb ei chodi'?
meddai Ada cyn y rhoddwyd stop arni.

'Ada Berk,' meddai'r heddwas trwy'i ffenest,
'pa drwbwl sy'n eich aros, a pha lanast
a ddaw rhyw ddydd i'ch ran, wrth alw
pob un yn "honey" a chithau'n weddw.'

'Wel fy melog bach, does gen i bellach
neb i'w alw'n gariad ar ôl, o'm llinach
a pha synnwyr 'ta pun ar lôn mor droellog
loetran chwe deg. Deddf yw i ddraenog.

A dim ond yn fisol gallaf fforddio
hedfan ar olwyn, heb sôn am rasio.'
Ond gwae a ddaeth i'w rhan cans heddi
fe aiff â phryd ar glud i gartrefi.

Ac yn dâl am yrru mae Ada chwim
yn gwneud gwaith cymdeithasol, am ddim.
A'r olwynion araf yn mynd i bobman
– yn gosb, am fod yn iau na'i hoedran.

Bore da yn Broadway, 1999

Yn hwrli bwrli Broadway,
brwd yw enw'r bore
anadl pob un ar wydr,
gwefus a gwaill
yn anweddu piser mawr y byd.

Cat out of Hell

(93 year old Ada Berk was caught speeding...)

She was born to a quill by candlelight
in the century of discretion,
the old world where walking
behind a scythe was intuition

Then came the singing machine.
Some took to it like birds to the sky.
Said Ada when they flagged her down,
'What use are wings but to fly?'

'Ada Berk, you'll hit big trouble,'
said the speed cop through the window,
'calling everybody honey,
and you a widow.'

'Well, honey boy, I've nobody left
to call me darling any more.
And where's the sense on a winding lane
dawdling at 60. It's hedgehog law.

Only once a month I can pay for my wheels,
never mind getting speedy.'
Now she's stuck in a rut steering
meals-on-wheels to the old and needy.

Sentenced for speeding, fast Ada
does community service, no wage,
on wheels that loiter wherever they go
to pay for not acting her age.

Broadway Morning, 1999

In hurly burly Broadway
anticipation is the morning's name,
the breath of the city on glass,
lip on a straw
sipping the pitcher of the world.

161

A chanaf pan welaf groen yr awyr –
afalau gwlanog yno'n ein gwahodd
i'w pherllannoedd pell â moliant.

Af yn llawen i'r un lle
sef yma, yw mannau 'nunlle;
rhwng stryd pedwar deg saith
a phedwar deg wyth –
lle mae de a gogledd yn cwrdd,
dwyrain yn daer â'r gorllewin –
yn rhannu llestri'r dydd.

A bydd 'bore da' o enau
gŵr o Irác yn fy nghyfarch,
gwenau sudd yr olewydd
yn siriol o blygeiniol,
a'm hateb, mewn Arabeg anwar,
blera diolch uwch cwmwl o goffi
ac ebwch yn drwch o fyrlymau –
ger fy mron fel gwg elyrch.

A byddaf yn gwylio'r awyr
gan ddal holl ffenestri dynion yn ei freichiau,
yn diolch am droi'r ddinas yn anhysbys;
ar dro, cynefin sy'n gynnar ei haf.
A byddwn yn estyn a derbyn,
yn bendithio byd rhwng y dysglau
cyn ymddieithrio yn ôl yn gaeth wedyn.

Ym mhob bore brwd
hawdd yw dal i gredu y gall byw
fod fel llinellau cynta' stori dda,
cyn ildio i iaith neb yr hysbysebion
gan wybod am y 'man gwyn man draw'.

Ac mor ddengar yw dwyrain a gorllewin
– llithriad tafod sy'
rhwng nam a cham ym mhroflen y cnawd.

A chanaf wrth ymryddhau o'r oed
nad entrych mo'r awyr a'i fricyll gwanolau,
ond ei fod yn dyfod amdanaf, â'i draed ar y llawr.

162

I sing at the sight of the sky's skin,
a bowl of sharon tempting us
to the orchards of praise.

I set out in joy to my usual place,
here, nowhere at all,
between 47th Street
and 48th Street
where north and south meet
and west greets east
to share a cup of the day.

It'll be '*bore da*' of welcome
from the mouth of the Iraqi,
smiles succulent as olive
in early morning joy.
Then the answer in clumsy Arabic,
'thank you' over a cloud of coffee,
and the sound's thick scum
is beside me like a fury of swans.

I'll watch the sky again
holding human windows in its arms,
grateful to the belated city,
my homeground early with summer.
So we give and receive
the world's blessings in a cup,
till we're caught out, estranged.

Every eager morning it's easy
to believe that life's
the opening lines of a good story.
But I'm falling into ad-language,
knowing too well
of the lure of east to west,
that one slip of the tongue
can score the pages of flesh.

I sing, cut free from easy greeting,
that the firmament isn't an apricot sky overhead
but it comes to me, touching the ground.

Y Gwas Bach

'Doedd e'n ddim byd mwy
na llai o ran hynny
na gwas bach ymysg y glesni;
yn hercyd y gwartheg i'r beudy,
yn bwydo'r lloi a'r ieir,
yn gwahanu ffowls diwardd wrth ei gilydd:
y pethau hynny sy'n rhan o fyw neu farw.

A rhyngddynt, pa reddf sy'n fwy na goroesi?
Hyn a orfu, y noson y bu farw
ei dad ac yntau'n llanc rhy ifanc
i gael rhannu sgwrs am ryw hwsmon
ar dalar well mewn ffarm fawr
ar ochr draw'r Cwm.
Roedd holl swm a sylwedd
seibiannu a galaru
ar seddau anystwyth yn y parlwr ffrynt
yn rhy bell o'i brofiad –
yn rhy agos at weiren ei brofedigaeth.

Roedd yna odro wedi'r cyfan i'w wneud,
ewyllys arall i'w gwireddu,
a'r gwas bach wedi'r cyfan
yn gwybod sut i weithio fel dyn –
amaethu ac anadlu yn wynt yn ei ddwrn.

Weithiau,
wrth syllu ar gaeau breision
Shir Gâr a'i thir âr, gwaraidd
fe feddyliaf am y 'gwas bach'.

A holi fy hun a fu i rywbeth arall
drigo, ar y ffarm y diwrnod hwnnw
a cholled arall ei chloi'n y pridd?
Ac yn hiraeth unig y llaethdy
a'i laeth twrw beunyddiol

a fu i'r erwau glas dros nos
droi yn erwau cwsg?

Farmhand

He was nothing more
– nor less, for that matter –
than a farmhand in a world of green
driving cows to the dairy
feeding calves and hens,
separating feuding chickens –
small things, part of living, part of death.

What was there here
for any creature, beyond the instinct to survive?
Instinct won out, the night
his father died, the lad
too young to share the grown-ups' talk
of a small farmer on a broader acre,
the world beyond – too far away
for well-chosen words in the glacial parlour.
After all, there was milking to do,
another will to be done
and though a boy, the farmhand
knew how to work like a man.

Sometimes, when I look
at the fat fields of Carmarthenshire
I think of that farmhand.

And ask myself, did something else
die on the farm that day,
was another loss laid to rest?
And in the dairy's long loneliness,
the daily beestings, did
the green acres, overnight
drift into fenceless fields of sleep?

Y Cymun Bychan

Gad i ni weld y dwylo
Dihalog yn y wledd

T. ELFYN JONES

Ef oedd yr unig ddyn y gwyddwn amdano gyda set o lestri diddolen, tŷ bach twt.

Ambell brynhawn ag yntau'n bugeilio awn i'w gorlan.

Yno, arllwyswn lond llygad o ddŵr glân mewn parti unig.

Un dydd, gydag ôl deigryn yng ngwaelod dysgl, eglurodd i mi mai llestri'r claf oeddynt.

Cofiais am y gwin, lliw arennau, a'r bara ewinedd.

Soniodd am ddiwallu y rheiny oedd yn ddarpar ymadawedig.

Meddyliais droeon, pa mor bell oedd siwrne'r sychedig.

Weithiau, cyn cysgu, dychmygais yfed o'r llestr a'i risial ar fy min cyn cau fy llygaid a dal fy anadl wrth amseru marw.

Heddiw, mae'r llestri'n segur, ôl gwefus a bys wedi ei lanhau megis glanweithdra angau.

Ond saif y llun o'r Bugail yn bendithio bwrdd.

Ef a fu â'i ddwylo mawr yn trin creaduriaid.

A'r lluniaeth o'r dwylo dihalog yn cynnig dolen esmwyth mewn llestri sy'n ddrylliedig.

The Small Communion

O let us see, immaculate,
His hands spread out the feast.

T. ELFYN JONES

He was the only man I knew who had a set of little cups without
    handles, who played at houses.

Some afternoons when he was away, shepherding, I'd creep into his
    fold.

I'd pour out a drop or two of clear water, a party for one.

One day, seeing the trace of a tear at the bottom of a bowl, he
    explained that these dishes were for the housebound, the
    bedridden.

I remembered the kidney-coloured wine, the slivers of bread. He
    spoke of attending to the needs of the dying.

I often thought how far the thirsty had to travel.

Sometimes, before falling asleep, I would imagine I drank from the
    cup, its crystal on my lip. Then I'd close my eyes and hold
    my breath while I timed my dying.

Today, the cups lie still, all traces of lips and fingers washed away
    as if tidied by death.

But the image of the Shepherd blessing the table remains.

He who gentled creatures with his great hands, the food from those
    immaculate hands, a smooth handle on a shattered cup.

Y Cymun Mawr

(Pucklechurch)

A fu Cymun erioed â mwy o raid –
na'r Cymun sy'n gôr o wragedd?

Rhai torfol orfodol ar y Sul –
o'u corlan ddur. Yn y gwasanaeth heddi

'roedd y lle'n rhyfeddol dan ei sang.
Genethod wrth draed offeiriad ac e'n traethu

nad oedd Duw fel lleidr unfraich i'w dynnu
mewn arcêd. O ddifri, dyna'i genadwri

a meddai'n swta reit – 'Peidiwch â disgwyl
rhoi arian i mewn â'i gael yn jacpot handi

wrth estyn gweddi.' A minnau'n oedi ar ei eiriau,
dyma ni ar liniau heb ddisgwyl dim felly.

Dim o ddim. Cans hynny oedd ei neges.
Eto, gerbron yr allor a'r cwpan wedi ei lenwi

fe welsom beth oedd digon. A beth oedd y Bod
wrth i'r ffiol sychu'n gynt nag y gallem gredu.

A dyna pryd y gwelais mor sychedig yw gwir ffydd:
fforddolion dan glo yn wyllt am ddiwallu

a throi eisiau'n angen. Hithau'n Sul wedi'r cyfan
a'r Cymun mawr yn ffordd o ymbil
am rawnwin tu hwnt i'r Gair – i dorri'r awran.

The Big Communion

(Pucklechurch, HMP)

Did ever a communion have more of a must to it
than this communion of women –

the compulsive, herded ones, on Sunday
from their steel pens. Today, amazingly,

the service was awash with people –
girls at the foot of a priest. He gave out

to them that God was not like a one-armed bandit
in an arcade. Seriously, that's what he said.

He was pretty brusque. 'Don't expect
to put money in and hit the handy jackpot

as you offer a prayer.' I'm still pondering that!
So here we are on our knees, not expecting anything –

nothing at all. That's what he said wasn't it?
Yet, by the altar, with the cup filled,

we saw what was enough, and what Being it was
as the vessel dried quicker than we could believe.

I realised then what a thirst true faith is –
pilgrims locked up, yet wild to quench it,

turning *want* into *need*. So, after all, it was Sunday,
with the big Communion a way of begging
for grapes beyond the Word – and sharing an hour.

Glanhau'r capel

(i Eifion Powell)

Rhai glân oedd y Celtiaid:
tra oedd darpar saint mewn ambell le
yn troi at sachliain a lludw,
roedd y Cymry'n llawer mwy cymen,
yn matryd eu hunain at y croen
wrth folchi, canu ac ymdrochi
mewn baddondai a'u galw'n gapeli.

Fe welson nhw'r Ysbryd fel un Lân –
glanhawraig â'i lliain mewn llaw,
pibau'r organ yn sugno'n drygioni;
pob smic a fflwcsyn ar ffo –
heb na thrawst mewn llygad
nac yn agos i'r to.

Nid moli a wnâi'r Cymry
ond moeli'r adeiladau
nes teimlo yng nghanol y weddi –
rhyw gawod, gwlithen fechan
yn chwistrellu chwaon cynnes
cyn sychu i ffwrdd y gair 'pech'.

Ac yn y sedd gefn, a alwem y bad –
jacuzzi oedd e i'n bywiocáu.

Wrth i ni fynd tua thre, yn ddifrycheuyn –
braidd na chlywem y ffenestri 'n chwerthin
a farnais y seddau'n chwysu dan sang eu sglein.

Cleaning the Chapel

(for Eifion Powell)

The Celts were clean people –
in those days, some would-be saints
turned to sackcloth and ashes
but the Welsh were a tidy race:
stripping down to the skin
to wash, bathe and sing
in baths they called chapels.

To them, the Spirit was a spirit of cleanliness –
a charwoman armed with a duster,
every mote of dust hounded and banished,
the organ pipes sucking up our evil
not a single beam in anyone's eye
nor up on the roof.

My people did not so much praise
as prise all ornament from their chapels,
and might have felt, in the middle of prayer
a squirt of something, a draught of warm air
polishing away their sins.

And the back seat, which we called 'the boat'
was a jacuzzi which gave us a new lease of life.

As we turned for home, spotlessly clean
we might have heard the windows laughing,
the pews sweating in their shiny varnish.

Saffir

(er cof am Richard de Zoysa a laddwyd gan wŷr anhysbys yn Sri Lanca 1990)

'ystâd bardd astudio byd'

Mae dyfodol disglair i'r wlad
meddir, yn ei diemwntau;
minnau, un bore, gerfydd fy ngwirfodd
a'm dwyn i le'n ffenestru gemau;
a thu ôl i wydr, eu gweled.
'Cewch saffir am getyn pris
y tir mawr,' meddent.
'Fe'ch ceidw yn iach drwy'ch oes,'
oedd sylw arall wrth i mi
droi oddi wrth y gyfeillach a phob gem
yn rhythu arnaf yn anghenus.
'Beth am garreg o'r lleuad –
ei liw a enir yn ôl naws y golau?'

Nosweithiau wedyn, wrth wylio'r lloer –
mae gemau Colombo yn dal
i roi pryfóc o flaen fy llygaid.
Gleiniau sy'n groesau ar yddfau'r goludog
a chofiaf eu dal yn dynn yn fy nghledrau:
yn gannwyll llygad, un funud,
yna'n waed ar fy nwylo.
Ac yna, anadl yn dadlau â mi ydoedd
am lanw a thrai. Am fwgwd y lleuad
a'i hamdo drosti.
Ac onid y saffir geinaf
yw tynfaen y gwirionedd?

Heno, mae'r lleuad wyllt
yn codi 'n llawn
yn ei phopty cynnes
gan ddadmer gloynnod iâ'r
nos.

Sapphire

(in memory of the poet Richard de Zoysa,
killed by unknown men in Sri Lanka in 1990)

The country's bright future
lies in her diamonds, they tell me.
Morning, and I'm dragged
to the jeweller's window.
I stare at them through glass.
'You can get a sapphire for a snip
in our country,' they said.
'It would keep you healthy,'
someone says to me,
turning away from their brotherhood
and the hothead stones.
'What about a moonstone
whose colour comes from the touch of light?'

Nights later, watching the moon,
Colombo's jewels come to mind,
flirting with my eyes,
jewelled crosses on the necks of the rich.
I remember them in the palms of my hands:
candle's eye, then in an instant
blood on my hands,
a moment, an intake of breath accuses me
as the tide ebbs under the masked moon,
its shroud drawn over the world.
Yet surely, the finest sapphire of all
is the loadstone of truth?

Tonight, the wild moon
rises to the full
in its warm oven,
melting the ice-moths of the night.

Y Bardd Di-flewyn

(wrth gofio'r bardd yn Barcelona)

Golchi'r byd yn lân, bob bore
yw swydd afrwydd y bardd.

'Gwrych sy gennyf,' meddai wrthyf.
Ac heb feddu offer eillio na chysur balm.

Allan â ni i'r ddinas fawr, rhyw ddau alltud
ar driwant, cerdded y palmant a'r Sul yn ddi-salm.

Yr hirdrwch yn ei boeni'n fawr. Ac eto?
'Onid gweddus,' meddwn, 'yw gwrych a dardd

ar ên un sy'n codi gwrychyn?' A chil-
wenu a wnest wrth i bob man droi'n ddi-lafn.

A dychwelasom yn waglaw. Ddoe ddiwethaf
fe gofiais yr hyn yr ofnais ei ddweud yn blaen.

O, fel y gallet fod wedi dal yn dy ysgrifbin.
Onid min oedd iddo, a rasel, i wella'r graen

gan frathu'n glós pob wyneb; llyfnu bochau'n glir
o bob gwrychiau? Onid plannu llafn

a chael y genedl hon yn gymen wnest? O drwch blewyn.
Crafu'n agos i'r wythïen las nes iasu'n gwedd.

A chlywed anadl drom arnom – cyn pereiddio grudd:
dau beth sy'n groes i'r graen yw eillio ac eli

fel y ddeuddyn ynot. Ar wrych wrth chwilio'n sylwedd
ond â llaw lonydd, sad at sofl enaid, hyd y diwedd.

The Poet

(in Barcelona)

To wash the world new every morning,
that's the poet's work.

'I have a hedge,' he told me.
And no razor. No aftershave.

Off we went into the city, two exiles
bunking off, walking the psalmless Sunday streets.

His mind was on stubble. Yet,
'Surely it's right,' I said, 'that prickles grow

on the chin of a man who's a thorn in our side?'
You half smiled, and everywhere bladeless.

We returned empty-handed. Just yesterday
I remembered what I wanted to say:

You could pick up your pen,
razor-sharp, and sleek skin with it,

shave every cheek, smooth every face
of wrinkles. Haven't you, bit by bit,

close-shaved the nation within a hair's breadth,
scraped close to the vein till the skin gasped

and we felt the blade's breath before the balm?
Two things at odds, the balm and the blade,

like the men in you, one needling our minds,
the other with a still steady hand on our souls, in the end.

Cusan Hances

Mae cerdd mewn cyfieithiad fel cusan drwy hances.

R.S. THOMAS

Anwes yn y gwyll?
Rhyw bobl lywaeth oeddem

yn cwato'r gusan ddoe.
Ond heddiw, ffordd yw i gyfarch

ac ar y sgrin fach, gwelwn
arweinwyr y byd yn trafod,

hulio hedd ac anwes las;
ambell un bwbach. A'r delyneg

o'i throsi nid yw ond cusan
drwy gadach poced, medd ein prifardd.

Minnau, sy'n ymaflyd cerdd ar ddalen
gan ddwyn i gôl gariadon-geiriau.

A mynnaf hyn. A fo gerdd bid hances
ac ar fy ngwefus

sws dan len.

Handkerchief Kiss

A poem in translation is like kissing through a handkerchief.
R.S. THOMAS

A caress in the dark.
What a tame lot we were,

with our secretive yesterday's kisses.
Today, it's a common greeting,

and we watch on the small screen
world leaders deal peace

with a cold embrace,
or an adder's kiss. The lyric

translated is like kissing
through a hanky, said the bard.

As for me, I hug those poems between pages
that bring back the word-lovers.

Let the poem carry a handkerchief
and leave on my lip

its veiled kiss.

Perffaith Nam
Perfect Blemish

(2005)

Plygain

Rwy'n ymolch
bob bore
yn nagrau diolch,

pob nam a'i glwyf
sy'n llechu
ar esgair yr hyn ydwyf.

Nid o gam i gam
y rhedaf yr yrfa –
ond o nam i nam.

Di-gri yw'r graith,
yn grachen
sydd mor berffaith;

magu meflau sy'n rhwydd,
sad o syml
yw amherffeithrwydd.

A dyma fan gwan –
y pry sy'n y prydydd:
esgyn cyn disgyn
a'r gair yn fflwcsyn.

Rhyw ddiolchgarwch

Fe ddywedwn, yn feunyddiol,
Am y sawl a gaiff ei didol
A'i dal, yn nwylo tynged,
Iddi fod, yn y man a'r dydd
A'r awr nad oedd yn weddus.

Matins

Every morning,
I bathe
in tears of gratitude,

each quirk and wound
that lurks
on the high ridge of my self.

I run my race,
not from step to step
but from schlep to schlep,

the pluck of the scar
a scab
so scarabed.

It's easy to brood on blemishes:
imperfection
is simple, stable.

And this is the fatal flaw –
The pit that waits for the poet:
flying, then falling,
the word a fluttering rag.

A Time and a Place

Every day, we say
about someone set apart
and caught in the net of her fate
that she was in the wrong place at the wrong time.

A daw'r wireb yn fyw, ar wefus
Wrth inni ddweud, yn fregus
Pa fodd y cwymp y cedyrn?
Iddynt fod, yn y man a'r dydd
A'r awr nad oedd yn weddus.

A mynych y synnaf mor gyndyn
Er pob cred, a chri, yr ydym
I selio'r dydd â salm, a edrydd
Inni fod, yn y man a'r dydd
A'r awr a oedd yn ddi-nam weddus.

Ac ymolch mewn diolch, holl fendith:
Gweled machlud, lleuad wisgi, gwlith
Yn loywdlws dan lesni'r bore:
Ninnau'n perarogli yng ngwyddfa
Einioes – am ryw hyd – yn dangnefeddus.

Cerdd garegog

Carreg ddrws dy fodolaeth,
Sy'n llechen lân y bore

Maen ar gronglwyd f'enaid,
Un cam wrth fur cariad
Sy raid. Un syml, sownd.

Wnes i ddim deall helfa
Pobl am risial, neu glap aur,
Na diemwnt. Dim ond

Diolch am y meini mewn llaw,
Meini mellt weithiau o'r awyr,
Maen sugn, dwy long mewn harbwr,

Maen tynnu atat synnwyr
A'r maen hir mewn oes o raean
Fe dreigla, heb fwsogli.

The truism comes true on our lips
as we say, with a quiver in our voice,
How are the mighty fallen!
That they were, on the right day
in the wrong place at the wrong time.

I'm often struck by how unwilling
despite every avowal and belief,
we are to seal the day with a psalm that says
that we were, on such-and-such a date
unmistakably in the right place at the right time,

and douse ourselves in gratitude:
see a sunset, a full moon, dew
adorning a blue morning, smell
the incense of our selves on the roof
of our lives – for a while – feel
the peace that passeth all understanding.

Stones

The doorstep of your being
is every morning's clean slate.

The capstone of my soul.
Just one step and I set it
firm and true in the wall of love.

I never understood
the hunger for crystals, a nugget of gold,
a diamond. Just gave thanks

for the stones in my hand –
sometimes a thunderbolt straight from the sky,
a lodestone, two ships in harbour,

a magnet to draw the senses,
a menhir in an age of gravel:
it moves, without gathering moss.

Maen hogi fy ymennydd
Meini cellt, yn mynnu tanchwa
Dan feinwe'n chwarel grai.

Maen ar faen yn gerrig milltir
Y cerddaf atynt yn llawen,
Gan delori fel clap y cerrig.

Hydref yn Druskininkai, Lithwania

Yn Druskininkai, mae'r lôn
Yn dywyll, ac oddeutu imi
Goedwigoedd, a'u gwagleoedd
Yn llawn drychiolaethau am rai
Yn cyrraedd pen eithaf eu taith.

Yn y gwyll, mae'r wig
Yn twyllo a'r saethau'n frigau;
A diolchaf, wrth gyrraedd
Y sanatoriwm sydd yn awr
Yn fan ymorffwys, am lety dros dro.
Cyn clwydo cawn wledd
A'i symledd yn dderbyniol:
Reis, tamaid cig a bara rhyg.

Ar ffenestri'r lle, mae llenni o liw
Sy'n sgleinio'n rhad,
Yn fflamio dros haearn o Len.
Arnynt, mae rhywrai wedi
Croeshoelio dail yr hydref;
Eu dwylo yn grin ambr, gwawr losg
Yn tynnu sylw'r rhai a fyn edrych
Trwy'r llenni ar sidan gri'r lloer.

''Sdim ofn rhagor,' meddai brodor
O'r wlad, 'a 'sdim rhaid cau llenni
Mwyach na gwylio gwib ein tafodau –
Na chuddio llyfrau dan bapur llwyd.
Ydym, rydym yn rhydd i gellwair
Am y llenni esgus, a'u ffugiannu.'

The whetstone of my mind,
two flints striking a firestorm
to rage in the quarry of flesh that we mine.

Stone on stone, the milestones
I walk to gladly
the spark in my heart like two stones singing.

Autumn in Druskininkai, Lithuania

In Druskininkai, the road
is dark, and around me
are forests, their empty spaces
full of the spectres of souls
reaching the very end of their journey.

In the half-light the wood
deceives, the shots are branches;
I am grateful, as I reach
the sanatorium that's now
a sanctuary, for one night's shelter.
We feast before resting,
the simplicity pleases:
rice, rye bread, a sliver of meat.

On the windows where coloured drapes
flame across a curtain of iron
someone has crucified
autumn's leaves, their hands withered amber.
The burning shade
draws the eye of those who must gaze
through the shades at the moon's silken cry.

'We have no fear now,' says a countryman,
'there's no need, now, to shut the curtains
or govern the whip of our tongues –
or shroud books in brown paper wrappings.
Yes, we're free to joke
about that joke of a curtain,
to make them a fiction.'

Ymuna ei gyfaill yn y sgwrs
Sy'n llawn gwin rhwng sych a melys,
'Dim ond symud a wna'r arswyd,' meddai.
'Mae e'n rhywle arall erbyn hyn.'

Ac wrth dynnu llen dros wydr,
Rwy'n dal yno, fy wyneb yn ffenest y bws
A'r goedwig oer fel llen a lurguniwyd.

Ac mae'r geiriau'n picellu,
Wrth im glywed grymoedd
Yn bygwth eu hafflau ar eraill,
A'r wig yna, yn dal i saethu brigau
Dan chwerthin, chwerthin,
Am holl ddiniweidrwydd
Rhyddid a pherthyn.

Perlio Geiriau
(i M. Wynn Thomas)

A geiriau yw'r unig falm a feddwn,
Fel yr eli y bydd y wennol
Yn ei roi i'w chyw o sudd llygaid ebrill,
Neu'r crwban sy'n llowcio o fintys y graig,
Neu'r wenci sy'n gwella'i hun drwy flodau,

Felly'r ddynolryw, yn dda a di-nod
Wrth gasglu llysiau a'u glesni rhad.

Dail Whitman. Y wig yn Walden.
Tafell o oleuni Emily,
Eu gosod arnaf fel tintur yn hael;
Morgan Llwyd a'i wawl,
A minnau'n ddall yn ymbalfalu
O gwmpas muriau'r byd.
Moddion yw geiriau ar wely'r claf;
Tudalennau beunyddiol – Mihangel o ha'.

*

His friends joins in our talk
fuelled by wine half-sweet, half-dry.
'But the terror moves,' he says.
'It's moved on somewhere else by now.'

As I draw a veil over glass,
I'm still there, my face in the bus window
And the cold forest like a torn curtain.

And the words strike home like spears,
as I feel powers threatening to possess
others, and that wood,
still shooting branches
and laughing, laughing
at all the innocence that's in
freedom and belonging.

The Worth of Words
(for M. Wynn Thomas)

And words are the only balm we have,
like the salve the swallow gives
her chicks from figworts' sap,
or the tortoise gorging on marjoram,
or the weasel healing itself with flowers,

so humankind, unremarkable and good,
in gathering herbs and their gracious freshness.

Whitman's leaves, the woods at Walden,
a sliver of Emily's light,
spreading them over me lavishly like a tincture,
Morgan Llwyd and his enlightenment,
as I blindly fumble
around the walls of the world.
Words are medicine for a sick-bed,
daily pages – an Indian summer.

*

Ac ofni'r gair 'gwyn' a wna ein dyddiau ni,
Er gwyn eu byd y rhai a feddylia amdano,
Cans nid croen a'i henwa, eithr enaid a'i bendithia
Ac mae gwynfydau i'w blitho o hyd yn ein byd;
Glân i orfoleddu drosto, i wylo amdano,
Glân fel cynfasau sy'n dallu ein nos,
Glân yn yr ewyn fel Maen Ceti,
Yn sychedig am fedydd y môr ar ddiwedd y dydd,
Glân, fel lili'r maes rhwng sgroliau'r gwlydd.

I hyn y mae perlau'n eiriol, a throi weithiau yn 'wynn',
Yn ddisglair halen o leuad ger distyll y don,
Gwyn a dryloywa'n meidroldeb. Ein curiad. Ein sawr.
I'r gwynfyd, deled teyrnas a'i llithoedd yn wawl,
Yn lluwch i'r dihalog, tu hwnt i blant y llawr.

Bronnau ffug

'O dan fy mron'
yw byrdwn barddoniaeth,
ac eto, ni holodd neb
am wn i,
        pa fath fron a gaed
neu a gollwyd.

A rhaid
y gallem gymhwyso
gwireb yr oes:
i rai, mae'r cwpan yn hanner llawn,
i eraill yn hanner gwag.

A gwag sy'n gweddu i wragedd;
ni welant fod yn y nefoedd 'faith'
le i'r fronglwm leiaf,
cans y mae i sêr y sgrin
rin sy'n sgleinio o noethion;
wrth ffluwchan ar set ffilm
                cyn cael eu saethu,

And our days fear the word 'blessed',
though blessed are they who can imagine it,
since flesh will not name it, but spirit sanctifies it,
and beatitudes still have their place in our world:
it's holy to rejoice in it, to weep for it,
holy as sheets that blind our night,
holy in the foam, like Arthur's Stone
thirsty for the sea's christening at day's end,
holy, like the lilies of the field among the scrolls of stems.

To these, pearls are wordy, and turn at times to winnings,
the moon's bright salt near the ebb of the white wave
that transparifies our mortality. Our pulse-beat. Our savour.
Into the bliss, may the kingdom come, its readings radiant,
drift enter the undefiled, beyond the children of earth.

Falsies

'Keep abreast':
we do it all the time
yet no one ever asks
what kind of breast
it is we keep, or nip and tuck.

Here's a tailor-made truisim for our age:
a C-cup, to some is half-full –
to others, it's half empty.

For women love emptiness;
in all the vastness of heaven
there's no room, in their minds,
for the
itsy-bitsiest, teensy-weensiest
little polka dot brassière.
Don't the stars of the screen
shine in their silvery nakedness,
floating and flouncing around the set
before getting shot,

perthi aur ydynt sy'n methu
peidio â brolio o'u bryndiroedd.

Ac i'r rhai a'u cafodd, o'u hanfodd,
mewn helaethrwydd,
fe berffeithiwyd y gelfyddyd
o'u trin â dychan:
        yn 'silffoedd', yn 'hamocs',
                yn jygiau i'w jyglo
wrth wasgu'n denau trwy dyrfa.

Ond i fflwffben o eneth,
penbleth ei dyddiau oedd
hanner byw yn eu tir diffaith,
a phan ddaeth gŵr heibio a mynnu
nad oedd 'cost lle roedd cariad',

meddai,
'O dan fy mron,'
bywyd gwraig sydd fel dwy fron.

A heddiw, rhifo'r gost a wna
wrth iddo lawesu siec
ac o'i helics dwbl, daeth ffenics
i fron,

a chytgan hon:

'Heno, fe gollwyd eu henw da.
Rwy am eu dychwel
        o drais y drosedd.
Pa draserch
     oedd gyfwerth â'r trybini,
yn wir ichi,
        bob tro rwy'n sbïo i lawr
mae ôl ei fysedd yn pwyso arnynt.'

Stori garu yw hon
'O dan fy mron o helbulon',
yn syw, yn sur,
aeth ef ger *bron* ei well,
at *feinciau* eraill,
        a'i gwpan e, ni orlifodd
wedi hynny.

come-hither nudists who can't
help showing off their curves?

And for those who were given curves
reluctantly but fulsomely,
satire's been sharpened
to a point of pointlessness:
they are 'bristols', 'udders', 'baps',
jugs to be juggled
as you sliver yourself through a crowd.

This airhead girl!
Her quandary was
how to live on this plateau,
so when a guy came by
who
insisted that 'money was no object',

she said,
'I'd like to keep abreast,'
a woman's life is like two breasts.

And now she counts the cost
as he palms a cheque,
and from his double helix, a phoenix
settles on her breast

and says:

'Tonight, your breasts have lost their honour.
I want to restore them
from the violation of crime.
What passion could be worth the trouble,
really,
each time I look down
I see his fingerprints all over them.'

This is a love story,
'keeping abreast' with troubles,
splendidly, sourly,
he was brought *abreast* of his betters.
This time he's made a real *boob*,
his cup no longer runneth over.

Am ei ffiolau hi?
wedi'r strach a'r straeon
anogodd i'w henwogion
ganu'n ddiolchgar,
am foethion, doethion o dethau

'sy'n para tra bo dwy'.

Cathlau am gariad

(ar ôl anwesu Halevi a'r Caniadau)

I

Ac mae nenlen yn gwarchod y pâr,
Myrr yn mireinio'r awel;
Gruddiau, gwely o berlysiau
Yn cynnig neithdar;
Gwestai ydym i'r haul a'r lloer
Sy'n brolio'r cynhaeaf
Yn cuddio'r llewyrch rhag ei frath
Wrth iddo gyfarth a rhythu.
            Gyfeillion
Da yw daioni,
Diflino wrth yfed dedwyddwch
Yn y gŵer, lle nad yw'r haul yn crasu.

II

Sawl elain fu rhwng y myrtwydd?
Ewig yn arllwys y myrr
Hyd eithaf y ddaear;
Angylion yw'r coed,
Pererogl ar aden
Yn disgyn nes canfod
Nerth y perwynt yn ei ddyrchafu.

III

Chwi yw'r myrtwydd sy'n blodeuo
Ymysg coed Eden. Llathen Fair yn gleinio
Ym mreichled y sêr.

And what about her cups?
Moving on from the fuss and the tabloid features
she encouraged her celebrity breasts
to sing a song of sixpence
for their naughty, udderly, fabulous nipples,
where two is always fine company.

Songs about love

(after lingering with Halevi and the Song of Solomon)

I

And a canopy shelters the couple,
the scent of myrrh sifts the breeze;
soft cheeks, a bed of sweet herbs
offering nectar;
we are guests of the sun and the moon,
boasting our own harvest,
hiding our own brightness from his bite
as he barks and stares.
My friends,
what is good is good,
this deep draughting of our content
in the shade, where the sun does not reach.

II

How many harts were among the myrtle?
A hind pouring the myrrh
to the reaches of earth;
the trees are angels,
the perfume of a wing descending
till the power of the sweet wind raise it up again.

III

You are the myrtle flowering
amongst the trees of Eden, Orion's belt strung
on the bracelet of the stars.

Gwnaeth Duw o waith ei fysedd
Dusw a sawr myrr i lareiddio'r lle;
Ef yw rhoddwr arogleuon.

Nytha'r golomen yn y myrtwydd,
Mewn canghennau mae'n pluo balm.

Pan wyt ti gyda hi, na chwilia
Am yr haul, cans pelydryn yw'r galon
Paid chwantu chwaith gwmni'r lleuad
Yn y diwetydd
Cans haul a lleuad ydych, i'ch gilydd.

IV

Gadewch inni gofio
O'r newydd,
Yr ias sydd i briodas;
A phob blwydd yn rhwyddino
Y rhan sy'n dirgel roi;
Yn oerni nych neu oriau nerth,
Naddu cariad a'i gwna'n brydferth.

V

Dau ben ar un gobennydd,
Anwesau cyn dechrau'r dydd
Hen ddidol, oes sy'n ddedwydd.

Morfilod

*(ar ôl clywed am sylw un o Efrog Newydd
wrth weld:* CHEESE FROM WALES)

'How do you milk W(h)ales?'

Meddyliwch am y darlun –
Tangnefeddus fôr a morfilod.
Eu mawredd yn y cefnfor,
Yn y don lefn ar eu cefnau.
A dychmygwch wedyn,

This is the work of God's hand —
blossoms and myrrh to sweeten our bed;
he is the giver of scents.
The dove nests in the myrtle,
she makes her nest in the balsam.

When you are with her, do not search
for the sun. The heart is its ray.
Don't hunger, either, for the moon's company
at the day's end,
for you are a moon and a sun, the one unto the other.

IV

Let us remember anew
the age which is in marriage;
each year easing the way
for ones who give in secret;
in cold affliction or the hours of strength,
it carves love to its own beauty.

V

Two heads, one pillow.
Caresses before daybreak.
The old winnowing, a lifetime of content.

Whales
*(on overhearing a comment from a New Yorker
who saw the sign: CHEESE FROM WALES)*

How do you milk 'whales'?

Imagine the scene —
whales and a calm sea.
Their ocean-going majesty,
the sweet wrinkle of waves on their backs.
And imagine again,

Olew a fu fel aur amdanynt
Yn goferu a diferu'n llaeth.
A dychmygwch lefrith
Ar odre traeth.
A'r morfil wedi ei odro?

Nid ar ddamwain a hap chwarae y digwydd:
Cynullodd holl aelodau seneddol San Steffan
Gyda rhaffau o hofrenyddion
Y Llu Awyr – O Sain Tathan i'r Fali
(Gan eu bod yn berchen ar foroedd Cymru)
A daeth holl berchnogion tai haf
Allan i gynorthwyo.
Abseiliodd newydd ddyfodiaid ar ffolennau
Gan ganu môr o gân, amdano,
A chadwyd dau anferthol
Mewn corlan ddŵr ym Mae Caerdydd
Fel rhyw fath o Firi Haf.
Daeth rhai o *Hollywood* draw
I weld a fyddai modd cael mŵfi –
Catherine ac Anthony fel y sêr –
A dysgodd y ddau'n rhwydd
Sut i siarad Morfileg.

A thyngwyd llw
Mai'r glesni hwn a wnaeth Gymru'n las,
Gan weiddi 'Wales, Whales,
Wales, agi, Magi, agi, magu,
Agi Magi wedi magu
Morfilod o wlad sy'n cael
Eu godro'n orfoleddus i'r byd.'

Ac nid oes eisiau
Na thryfer na thrywanu,
Cans o dan y don, mae anadl hir,
Hanes un sy'n rhoi olew, llaeth a maeth
I wlad lle bu pyllau glo a chronfeydd dŵr.

A bydd y Ddraig Goch ar faner, ar drai
Fel rhyw ddeinosor diystyr,
Ei chochni'n codi cywilydd
A'i thafod o fflam yn welw.

their golden mantle of oil
overflowing and dripping like milk.
Imagine a hem
of cream at the water's edge,
and the just-milked whale.

This was no happenstance or serendipity:
a Westminsterful of MPs assembled
with flocks of RAF helicopters
from St Athan to Valley
(they own, you know, all the waters of Wales).
All the second-home owners
turned out to lend a hand;
incomers abseiled down the whale's huge flanks
singing a seaful of song,
and two great whales were corralled
in a watery fold in Cardiff Bay
as a kind of Whales Tourist Board extravaganza.
Hollywood players jetted over
to see would it make a movie –
Catherine and Anthony set to star –
their Whalish a second language to them.

And it was vowed:
this blueness is what makes Wales truly blue,
shouting 'Wales, Whales,
Wales, agi, Maggie, Magus
Maggie's the Magus who gave us
Whales from a Wales milked
joyously for the whole world.'

There is no need
for dissonance, for dissent.
Under the sea, the long breath
of one who gives oil, milk and nourishment
to a country where once there were coal mines, reservoirs.

And the Red Dragon will have had its day
as irrelevant as a dinosaur,
its very redness will raise a blush,
its tongue will burn a shameful pale flame.

'Ylwch,' meddai'r gweision sifil,
Cymaint yn well yw morfil
Sy'n rhoi inni ynni,
Ni raid edrych at y dwyrain canol rhagor.
Mae'n canol ni tua dwyrain Cymru.'

A bydd, fe fydd
Baner newydd sbon ac arni un morfil glaslwyd
Yn ddelwedd newydd i wlad a ddaliwyd.
Yn gartre dros dro i'r godro dyddiol.

Iâ Cymru

Eira'r oen a iâ, dau efaill yn wir,
Rhew yn y glesni olaf, dan ei sang –
Ymddatod wnânt eu beichiau, gadael tir.

Anadl o'r anialwch, yn blasau sur,
Cnu o gusanau dros ehangder maith,
Eira'r oen a iâ, dau efaill yn wir.

Fflochau'n arwynebu eu pigau ir,
Beddargraff pob teyrnas, yn toddi'n llif,
Ymddatod wnânt eu beichiau, gadael tir.

Cotwm tylwyth teg, gwawn yn pefrio'n glir,
Cloeon ar led, pob Enlli fach ar ffo,
Eira'r oen a iâ, dau efaill yn wir.

Meirioli gwlad? Ai dyma arian cur?
Pob Cantre'r Gwaelod yn ddinas dan do?
Ymddatod wnânt eu beichiau, gadael tir.

O'r Pegwn pell, glasddwr yw'n hanes hir,
Wrth ymryddhau, bydd llithro ach i'r lli;
Eira'r oen a iâ, dau efaill yn wir,
Ymddatod wnânt eu beichiau, gadael tir.

'Look,' say the civil servants,
'at the fabulous energy yields from whales.
We can forget the Middle East –
our middle is in the east of Wales.'

And yes, we shall have
A brand new banner sporting one blue-grey whale.
A new image for a country hooked.
A home, for a while, to the daily milking.

Welsh Ice

They're becoming the same, Welsh ice and spring frost,
both worn underfoot to a blue wafer.
How alike as they leave us, how soon they'll be lost.

Only bitterest breath comes over the glacier
where kisses are white wreaths upon a white coast.
They're becoming the same, Welsh ice and spring frost.

A kingdom must start or finish in flood.
There's some iceberg with our epitaph written on its crown.
How alike as they leave us, how deep they'll go down.

We're scarcely a cobweb, a rumour of ghosts,
and a country might vanish at the turn of a key.
They're becoming the same, Welsh ice, spring frosts.

History thaws. But when has mercury shown
mercy or memory of what it murders?
They're alike as they leave us, how soon they'll be gone.

It starts at the Pole in a kind of unlocking
and soon we're a legend beneath a blue level.
They're becoming the same, Welsh ice and spring frost;
so alike as they leave us, so soon to be lost.

Sardinau

Cysgaduron clyd wedi eu pacio'n dynn,
A'u bryd ar roddi pryd yn ei flas;
Aelodau a fu yn dorf mor ddedwydd,
Yn eu hyd, dan do eu byd, nes daw dydd –
I redeg yr agoriad, a'u gweled,
Garcharorion syn heb ddeall goleuni,
Mewn cell olewaidd.
'Slawer dydd, âi'r allwedd ar ffo,
Fel pe i'w harbed
Rhag ehangder maith, a'u cadw
Yn weflau arian sy'n gwneud cwpse.
A chwedy goroesi,
Deuai awr eu cymell i'r swper olaf;
Cans holl gyfrinach sardîns yw eu symledd.
Nid ansiofi aruchel na phenwaig Mair
Sy'n swatio mewn urddas mohonynt.
Ond llwnc-destun ffraeth wrth eu gwatwar hyd byth
Am gyffelybu'n byd gorboblog.

A mudion ydynt.
Tra bydd y tiwna'n brolio ei fod yn rhydd
O afael y dolffin, disylw yw'r rhain.
A thwt-dlws.
Diddos mewn cymuned glòs
Yn esiampl o deulu estynedig, a ddisgyn i'w le.

Esgyll cytûn,
Nes inni ymwneud â nhw.
Ac wrth eu codi a'u gosod,
Fe welwn mai lluniau dwys ydynt, mewn oriel fechan,
Yn magu chwedlau:
Fel Lacan a'r morwyr
Yn syllu ar dun sardîns ar frig y don
A'i gael yn rhithio, yn waredigol wyrth:
Rhwng gair a gweld, mae gweld y gair.

Ond ym Meibl y seigiau moethus, myn
Jamie Oliver ein bod yn chwilio'r haig ffres,
Rhai llygaid gwydrog fel crisial,
Cyn eu stwffio â briwsion tomato.

Sardines

See these slumberers, tight in their shoal;
this is their time as they offer us taste,
these singers in a silver congregation, up
from the sea's nave they came, nosing about
and sniffing the air. And now look at them;
light-leery liggers slippery with fear's oil.
A lifetime ago the cell door slammed
on these agoraphobics; smilers, snarlers, bright
ventriloquists. And we'd tease them
into a toastie, because surely
the secret of sardines is their simplicity.
For what do they know of the aristocracy
of anchovies, of mackerel pride? But they're
friendly enough, I suppose, cwtshing up when caught,
though their assembly government
has yet to debate population growth.

                         They're mourners maybe.
But if tuna's famous as dolphin-friendly,
these are the seas' also-swams,
a tribe that looks after its own, neat
enough but unnoticed.
                  They're all gills,
no guile, and then we stick our oars in. And as
we scoop them from the depths can only wonder
at the BritArt installation they might make
and so become the web's celebs. Because
to any famished sailor no miracle mightier
than a sardine tin brought towards him on the tide.
Between that seeing and that knowing
comes the knowing what you see.

But in all those gourmet
gazettes, clock Jamie Oliver on how to recognise
the freshest catch. It's in their ruby eyes, he says,
and Jamie does a mean sardine-in-breadcrumbs.
            Aw. Better to think of their school, blue
            as a glacier, that's sharpened on the wave.

Mor wirion
Yw cam-drin sardîn – ei ystyr sy'n oerlas
Mewn bryniau o iâ.
Onid oedodd cyhyd mewn santeiddrwydd pedrongl?
A sut mae modd inni chwalu'r wledd
O'r sawrau rhwydd a'r swper sionc?

Pan fyddem, yn ddim o beth, a'r pysg
Yn cydymddwyn,
Wrth lynu at ei gilydd, dyma lwyth
Oedd ddi-fai, yn eu bae bychan,
A thrwyddynt daethom i ddeall
Y byd caled sy'n bwyta mêr.

Mor galed yw rhwyd y ddynolryw.

Er hynny, mynych y casglaf yr enllyn hwn,
Yr un rhad, rhag iddo flasu brad. Ac eto?

Rhyw gadw-mi-gei ydynt heddiw,
Nodiant o'n dinodedd ninnau.
Disyfl hefyd, mewn arfwisg,
Yng nghefn y silff yn oedi
Gan gynnal dathliad ar wahân inni,
– Gŵyl o chwerthin
Wrth ddisgwyl inni droi atynt
Am olew o loches
Ar awr lwglyd
Yn ein llety,
Unig,
Deoledig,
Oer.

Holiadur y môr

Pa draeth sy'n annherfynol
yn nrych swnd y galon sy'n ei suddo?

Pe bawn i gerdded
holl draethau'r byd yn droednoeth,

Yet the sardine's sanctified
in appetite. Impossible now to sink the myth
that what a sardine means to us is suppertime.

But before we started vacuuming
every vug in the seabed, we respected sardines:
their glistening collective
could fill the fathoms of a fjord.
Yes, sardines saw to it that we called
calcium our greatest friend; and that we weren't
sniffy about the snowflaking of our bones.

You've seen *The Cruel Sea*? So think again.

I'm cavalier about caviar,
would not cast pearls before sewin,
but I'd wave a wad for one sardine. Because

Sardines used to be what we couldn't do without.
They're old money, old lovers at the back of the drawer.
What a party we could have in a different world.
Come alive, we'd say to the candlestub.
Come alive, we say, in our darkening rooms.

Sea Questionnaire

Is there a strand unending
in the hour glass of the shipwrecked heart?

If I were to walk
all the beaches of this world, barefoot,

a ddown i ddeall rhygnau'r traeth
mor glir
â'r llanw sy'n farciau ymestyn-wedi'r-geni
ar hyd fy nghnawd?

Os mai môr o gân yw Cymru,
ai dyna pam mae'r tonnau
fel telynau â'u tannau
yn tynnu alaw'r llanw?

Ai cerdd-dantwyr yw nofwyr?

Pa don ddihafal
sy fel cragen y môr
â'i seibiau tawel?

A sarnodd y Goruchaf
de oer dros dywod mêl-ar-dost
wrth frecwasta yma ar ei phen ei Hun?

A yw'r moresg
pan yw'n llesg
yn llonni
o glywed plant
â'u dwylo wedi eu claddu
yn y twyni tywod?

Ydi'r môr yn cysgu ar ei fol?
Ac os yw ei floneg yn feddal
pam mae ei ben mor galed?

Pam nad awn â phlentyn
sy'n crio'n ddi-dor
at siôl y môr
o fewn clyw ei ddagrau heilltion?

Ai cyfrinach y môr
yw ei fod yn darian
rhyngom a'r anghyffwrdd?

Ai ffrog briodas yw'r môr,
yn wyn, yn las,

would I come to know the sand's ridges
as deeply
as the tide that's stretchmarked
over my body?

If Wales is a sea of song,
is that why the waves
are like harps whose strings
pluck the tide's melody?

Are swimmers contrapuntalists?

What tidal wave
is, like the seashell,
filled with silence?

Did the Almighty
spill cold tea over honey-toast sand
as She breakfasted here, alone?

Does the marram grass
when it's droopy
feel more loopy
when it feels children's hands
buried in the sand dunes?

Does the sea sleep on its stomach?
and if its spare tyre is soft
why is it so hard-headed?

Why don't we wrap
the child, inconsolable,
in the sea's shawl,
within earshot of its salt tears?

Is this the sea's secret:
that it is a shield
between us and the intangible?

Or is the sea a wedding dress,
white, then blue, then white
over the honeymooners' bed?

dros fis mêl o wely?
ond,
pam felly
yr ysgar ei hun bob nos dan hiraeth?

Traeth, traeth
a wyt ti'n gaeth
i'r heli ffraeth?

Er holl byramidiau'r byd
pam fod un tegeirian bera
piws, yn rhagori arnynt?

Wrth ymyl y don
pwy yw corn carw'r môr
i gynnig danteithion gleision?

Ai drych yw'r glesni
inni ddal purdeb
at bryd a gwedd haenau o liw?

*

Rhagfyr 26, 2004

Pan fynnodd y don
afloywi'r byd,
oedd yna donnau
yn y cefnfor
yn crychu aeliau
wrth ei hannog
i aros gartre?

Sut all ton o harddwch
droi'n un elor wedi'r elwch?

Oes yna liw
rhwng dilyw:
y glas a'r llwyd?

But then,
if so,
why does it divorce itself each night in sorrow?

Sand, sand
are you bound
to the chattering sound?

Why is one pure purple orchid
lovelier than all the pyramids in the world?
(Ozymandias, eat your heart out!)

How dare the samphire
offer blue-green delicacies
at the sea's edge?

Is the blue a mirror
we hold to catch
the purity of layer on layer of colour?

*

26 December, 2004

When that wave
decided to dull the whole world,
were other waves in the ocean
raising their brows as they bid her
stay at home?

How can a wave of beauty
become a bier of thunder?

Is there a colour
to 'deluge':
a shade between blue and grey?

Botwm i'r botwm bol

(I Fflur ar ôl prynu anrheg ddi-werth − sef tlws botwm bol)

O bob botwm a agorais erioed, ti oedd yr un
a agorodd lygad fy ngwisg. A'th gael yn eilun.

Y ffos fechan honno, dan fandej cêl;
ceulo smotyn gwaed, ger pìn diogel.

A chraith-dro arnat. Nod o'r toriad glân,
cyn ennill bloneg. Yn gwmni anniflan.

Y botwm bol? Beth yw ond brathnod o'r co',
a'r cwlwm a fu rhyngom, curiad sy'n eco

o orfoledd. Wrth i ti gyrraedd at ddrws,
a'r daith drwy lawes goch, a'r dyfod seriws

i fyd sy'n llond botymau. Rhai prin a rhai pres.
Rhai sy'n agor a datod. Rhai sy'n cau'n gynnes

amdanom. A chyfrin un fuost, ti â'th fotwm cudd
dan fynwes. Yn 'matryd hebof holl ddefnydd

dy einioes, ar wahân. A'r glasliw o dlws ar fogail
yw'r papur carbon sy'n blotio'n glir holl sail

dy fodolaeth. Yn rhannu a thorri bol.
Botwm siâp y byd yw,
nam perffaith, beunyddiol.

Belly-button Song

(For Fflur, after buying that most worthless – or valuable –
of birthday presents, a belly-button jewel)

Of all the buttons I ever opened, you were the one
that, like no other, undressed me.

That little wound tucked under its plaster
hid a bloodspot as if left by a safety-pin.

For a while it seemed a tribute to a clean cut
before we separated and grew inseparable.

The belly-button? What is it but memory's whirlpool,
a summer cloud between us, the little white clock

of ecstasy? But when you were born
you discovered a world that's full of buttons,

some silver, some brass, some that hold us tight or strip us bare.
What's sure is, late or soon, we're all undone.

But such a mystery you were, a little sensor
that can tell me the world's temperature,

and now I see in this blue nail in your navel
a tiny screen where I might watch you whole.

And if flesh allows us what the flesh allows
how might we ever know loneliness,
counting buttons, like the stars, between us.

Y Lliaws sy'n Llosgi

Y mae rhyw bethau sy'n ein ffwrno
bob dydd. Byddant fel gwres y popty
yn ein llosgi'n fyw nes ein creisio
a'n ffurfio eto yn llaw'r ffurfafen.
O'n haelodau crimp, tyfant eto groen newydd;
er pob nesu draw, eilchwyl eu mentro.

Cans mae rhyw wreichion yn ein cromgell
bob awr. Er difa ar dro, ffâs ein gorwel –
odyn ar fryn yw creadur uwch traethell
yn cynnull ei einioes uwch sgradan y tonnau –
ac er i'r sail barhau, ei drugareddau a chwelir
wrth wasgar i'r pedwar defnydd – a'u cymell.

Mae ynom y gallu i amlosgi. Beunydd,
bydd rhyw fflam yn tarddu o'r pethau bychain;
a gwn mai un egwyl sydd raid wrth ddal y diwedydd
cyn i fflach ein byw droi'n llwch – heb weddill –
a'n bathu drachefn wrth i'r ing droi'n fedydd.

Litani ar gychwyn claddfa
(i Bobi Jones)

'Wnaeth dogn o faw ddim drwg i neb,' oedd coel mam-gu.

A yw geiriau *pob* dyn fel glaswelltyn?

Trefnais angladd heddi ar doriad dydd.

Bydd yr ymadawedig yn cael ei chladdu
gyda'r cathod eraill, ben pella'r ardd.

Bydd y perlysiau lintel ffenest yn gwybod amdano.

Burning

Every day something scorches us.
The oven-blast burns us alive, crazes us,
then moulds us again in a giant's hand.
Despite every drawing away, each knot and crack,
it makes a new skin of our crisped limbs.

Something is always sparking in this cage of bones,
blotting out our horizon –
man is a kiln on a hill above a beach
gathering in dead leaves above the waves' screech.
His forms lie about. Old, old clay
breathes the four elements into us, wheels us on.

The need to burn crackles in us. Little
things spark light from an everyday flame.
Our life is a flash as dust turns to ashes,
a firing before tears turn to rejoicing,
franking me from living earth. Are the flames a beginning?

Litany on beginning a burial
(for Bobi Jones)

A bit of dirt never did anyone harm, was grandma's belief –

Are all men's words like a blade of grass?

I arranged a burial today at daybreak.

The departed will be buried, with the other cats, at the far end of
	the garden.

The herbs on the window sill will know nothing about it.

Byddaf yn codi'r pridd â'm cledrau noethion.

Byddaf yn sgwrsio â'r malwod wedi gweddi'r terfyn.

Bydd, O fe fydd yn cael claddfa barchus.

Pwy a ŵyr na fydd *margaritas* yn weddus?

Caiff hen bennill anhysbys ei hymian, yn ddigyfeiliant.

A bydd, fe fydd yn ddedwydd yn yr anialwch a'r anghyfaneddle.

Pwy a ŵyr na fydd yn cellwair wrth y morgrug mai dechreuad
felly a gafodd hithau?

A byddwn, byddwn yn dal i'w dathlu fel rhyw eni gwyrthiol a fu
farw'n ffrit-ffrat.

Bydd cylch o chwiorydd o'i chwmpas i ddynwared angladdau'r
'dynion yn unig'.

Bydd gwaharddeb ar ddagrau, ond gall odlaw ddisgyn yn dawel.

A byddwn yn diolch am ei bywyd, am eni, am feithrin, am ein
magu'n dyner.

A bydd nythaid o'r glewion yno, yn gywion di-gŵyn.

Ni fydd carreg fedd ond bydd pawb yn cofio mai yn y fan honno
y claddwyd *ffeminyddiaeth*.

Ac ni fydd ewyllys, namyn yr ewyllys i barhau i fod yn un teulu
dynol.

I shall lift the soil with my bare hands.

I shall talk to the snails after the final prayers.

Yes, Oh she'll have a decent burial.

Who knows, margaritas may be appropriate.

An anonymous traditional verse will be hummed, unaccompanied.

And yes, she will be happy in the waste ground and the isolation.

Who knows, she may joke to the ants that she started out this way.

And yes, we shall still celebrate her, like a miraculous birth that all at once died.

There will be a circle of sisters around her, to mimic the men-only funerals.

There will be a ban on tears, but sleet can fall quietly.

And we shall give thanks for her life, for birth, for care, for the tender nurturing.

And there will be a nestful of the valiant there, uncomplaining fledglings.

There will be no gravestone, but everyone will remember it was there that feminism was buried.

Everyone of her stock who has outlived her, a human family.

Rhyddfraint Pentywyn

Aeth rasiwr i'w dragwyddoldeb
yma unwaith. Ar frys i newid hanes.

Ond heddiw, daw rhai yma,
i loncian ar olwynion –
sgrialu gyda sbri tuag at
lygad agored y môr.

Cei sythu'r llyw a chil-droi,
troi cornel ffug os mynni:
direol yw'r heol saffron.

Dof ydym ninnau –
rhai gwirion bach yn chwarae ceir
yn y bore cynnar, gweflog,

a'r byd heb godi.
Ie, sbia, nyni sy'n ei oddiweddu.
Cei achub y blaen arno.

Cei ddysgu yn y fan hon
nad dysgu byw a wnawn
yn gymaint â dysgu peidio â
rhoi ongl i angau,
rhag i'r llanw mawr ein llyncu.

Dychwelwn, wedyn, o dow i dow,
yn ein seintwar llawn metel
a phob cornel yn un anwel.

Dyma 'ngweithred olaf
wrth y llyw, a bach-fy-nyth
â'i aden ar fin codi.

Yna, ildio'n betrus i'r lôn sy'n fwy –
i'r llywiau lluosog,
o'r nef ddianaf i'r draffordd.

Lôn sy'n rhy hyfriw weithiau
i fyw.

Pendine Sands

This is where, once, a racer flew to eternity
in a rush to change history.

Today, people have come
to jog by on wheels,
gleefully gliding to the wide open sea.

You can steer straight, veer over,
make a false turn if you like.
This is the lawless yellow road.

We are the tame ones,
the little ones playing with cars
in the dribbling hours of morning.

It's a lying down world.
Yes, you can overtake it.
You can pick up speed on it.

Here you can learn
that we don't so much learn how to live
as how not to give

one inch to death

lest the high tide overtake us.

We return, step by step
in our sanctum of steel.
Every corner is blind.

This is my last act
at the wheel – the wings of my nestling
are ready to fly.

We give way, nervously to the race
from heaven to highway.

A way that's sometimes too fragile to live.

Meddyliau drwg

(wedi clywed am y tri chwarter awr o rybudd cyn
i daflegryn gyrraedd o Irác)

Mynnai fy nhad –
Naw deg oed namyn blwydd:
Ef sy'n taeru yr â
I fan gwell, fan draw,
Unrhyw ddydd nawr,
Nad oedd digon o duniau yn y tŷ,
Rhag ofn...

Pan glywais i'r tâp gwydn ola'
Werthu mewn siop wledig
Yn anialdir yr Amerig,
Meddyliais am ein holl ffenestri –
Dychmygu anadl anthracs yn drewi,
A bron nad es allan i holi,
Rhag ofn.

Pan basies siop antîcs
Ym Mhen-y-Groes
Un amser cinio
A gweld hen fwgwd nwy
Yn crogi'n y nenfwd –
Meddylies – tybed?
A ddylwn ei brynu'n nodded,
Rhag ofn?

Ac yna, fe welais mor ddwl
Oedd y syniad,
Fy nhad yn camu canrif *heb* duniau,
Y tâp, heb ei ludio'n *iawn* yn y conglau,
Y gŵr a finne'n dadlau *pwy* fydde orau
I oroesi'r drin
Heb sôn am ein cread – ein cywion yn grin.

Ac aeth yr ofnau'n bitw,
Yn ochr y 'rhag ofn' gwelw,
Ymbaratoi dros 'dri chwarter awr'?

Just in Case

*(after hearing about the 45 minute warning for
any missile directed at our territories from Iraq)*

My father –
my eighty-nine-year-old father –
the one who swears he's on his way,
any day now, to a better place –
insisted
that there should be more tins in the house,
just in case.

When I heard that the last roll of gaffer tape
had been sold in a country store
in that desert, the American Midwest,
I thought of all our windows:
imagined the stinking breath of anthrax,
and almost went out to see,
just in case.

When I passed an antique shop
in Pen-y-groes one lunchtime,
and saw an old gas mask
hanging from the ceiling,
I thought – I wonder
should I buy it for safety's sake,
just in case?

And then, I saw how foolish
the idea was.
My father spanning a century *without* tins:
the tape, not *properly* anchored in the corners;
arguing with my husband *which* would be better off
surviving the conflagration,
the world – not to mention our babies – burnt to a cinder.

And the fears shrank
beside that pallid 'just in case'.
Preparation for 'three quarters of an hour'?

Ac ar ôl yr holl aflwydd,
ai pwyll enillodd
wrth i'r gwir droi'n gelwydd?

Mis Mai yn My Lai
(1994)

'Dynion jocan' sydd heb oed yn y glaswellt,
smaliant mewn efydd, eu bod wrth eu gwaith,
yn cerdded yn llaw'r haul, yn llygad eu lle,

     Yno.

Islaw'r maes, mae miri'r lli yn mynnu
ei ffordd ei hun, ac wrth blygu yn y rhyd,
darllenwn fel yr hidlwyd gwaed ar garreg

     Yno.

A heddiw, crasfa'r pelydrau sy'n rhuddlas,
gwyddau'r farchnad yn llawn mwstwr mewn caets,
troedlath 'Singer' yn canu grwndi, fesul pwyth,

     Yno.

Yn cyfannu defnydd ein byw â llathenni o ddiwyg.

Yna, â'r dydd heb anadl, hoen hefyd ar encil,
mae tafod hael fy nghyfaill yn trosi o sill i sill,
eto, rhy sâl yw i huodli. Hithau'n Sul, minnau'n stond,

     Yno.

Ar flodau'r fflam, coed plant ysgol, daw pili-pala
du a gwyn a gloywi ar aden, uwchlaw'r hanes,
ac wrth droelli 'nôl i'r ddinas, yn sŵn hwteri, mynnaf

     Oddi yno

Y bydd gwybed y gwellt a'r sidan bryf yn gwnïo
pilyn fesul pilyn, dros groen newydd,
a cholofnau byw yn geni o'r newydd, edau wydn.

And after the calamity
did good sense prevail
when the truth crazed into lies?

May in My Lai
(1994)

These statues on the grass will not grow old.
Neither will they say they do not love their work.
At least, not while the sun stands sentry over them.

                                        There's

Something whispering. It's an underground
stream that twists into a knot here at the ford.
Translate it as the keening of the blood. Just

                            there.

But with the day a bakestone even at sunset,
and the market geese still bickering in their bonds,
the sewing machines must purr and stitch, stitch and purr.

                            There!

How soon comes resurrection to the cloth.

But the day flatlines. It never draws a breath.
My tongue might hardly taste a syllable,
such a stranger is speech. It's Sunday here, paralysis

                            there

as flowers burn, trees turn into schoolchildren
and a butterfly becomes the page where history
will write itself, and there's the city,

                            there,

with its sirens and its silkworms slipping
their civilisation over our skins, because
what statue was ever stronger than a thread?

Rhyfeloedd tawel

In the Pentagon, one person's job is to take the pins out
of towns, mills, fields…and save the pins for later.
WILLIAM STAFFORD

Hunlle, fe ddaw ei hunan bach
Heb symud bys, bron iawn. Pigyn

Yn y glust yw sy'n fflamio'n y nos
Nes i'r waedd am eli ei leddfu.

A daw'r dychymyg agat heibio.
Pan sleifia'r wawr 'nôl i'w lle

Bydd trefi a chaeau yn dathlu
Enwau newydd yn y rhosliw.

A thraethau newydd danlli
– yn trosi'n y don dros bentwyni.

Bydd laser dros lesni'r moroedd.
Wir ichi, heb symud braich. Bys ar bìn bawd

A ddaw â'r ffawd newydd i fod.
Tylwythau clòs ymysg y lloffa

Di-waed, heb dyngu llw na phlygu glin,
Heb fod ar na phigau na drain. Rhydd

Fyddant drwy frathu bys ar bincas cras
Yn frechiad newydd i holl heintiau

Hanes sy'n drwstan. Pinnau penddu
Sy'n tynnu ymaith ddolur o'r llwythau

A'r crawn mewn cwmwd a chredo.
Ie, bydd golchi ar dangnefedd. Sbïwch

Os na chredwch y chwedl hon. A gwelwch
Ei bod mor fechan â gwniadur bys. Olew

Silent Wars

In the Pentagon, one person's job is to take the pins out
of towns, mills, fields...and save the pins for later.
WILLIAM STAFFORD

Nightmares come all by themselves.
We need barely lift a finger. They're an ache

that flames in the ear in the middle of the night
until the cry goes up for ointment.

And when the dawn steals back into place
the agate imagination reveals itself;

towns and fields will celebrate
new names under reddening skies.

Brand new beaches
will toss and wash over the dunes.

Without moving a muscle, a laser
will hover above the blue oceans. A fingertip

pressed to a tintack ignites this new fate.
Families intertwine in this bloodless

gleaning, no vows, no homage,
un-strung-out on the thorns of suspense. Jab a finger

on that coarse pincushion and they shall be free –
a new inoculation for all history's

inconvenient ailments. Little black dots
shall draw the poison from tired tribes,

lance the boil of homeland and hope.
Yes, peace shall be laundered. If you don't

believe this story, look and see. It's as
tiny as a thimble. Oil from the

O'r olewydd sydd, fel bo'r clustiau'n esmwytháu.
Aciwbigo'r byd yn llonydd. Pìn ar bìn o'r Pentagon,

Dyma ffordd ddifyddin yr oes. Di-boen hefyd:
Dathlu ar y traeth heb binnau bychain ar y croen.

Cân i'r bardd bychan
(bu farw Jassim o liwcemia yn 1999, yn dilyn Rhyfel y Gwlff)

Maddau im, Jassim,
am ddwyn dy eiriau
er mwyn ennill calonnau.
Ti oedd y bardd bychan
fu'n gweithio'n y stryd,
yn gwerthu sigarennau
nes i fwg arall
feddiannu dy wythiennau.

Wna i ddim dweud llawer
am y rhyfel, na'r amser
pan oedd iwraniwm
a thaflegrau trwm
yn codi'n llwm uwch Basra,
nes i storm yr anial ddifa
rhai fel ti.
　　　A does 'na fawr o bwynt
imi grybwyll y bydd ei wynt
yn cerdded y tir
am amser hir, hir,
pedwar mileniwm i ddweud y gwir.

Achos doeddet ti ddim yn rhan o hanes
y dynion mawr. Eu dial. Na'u sgarmes.
Heblaw am y frwydr am anadl
doeddet ti ddim yn rhan o'r ddadl
wrth iti gasglu llond gwlad o ddiarhebion
mewn ysgrifen fân a llyfrau breision.

olive tree to ease the ear.
Let's acupuncture the world into acquiescence,
pin upon Pentagon pin.

For this is the armyless way of our age. It's painless.
Let's party on the beach. No pins and needles, I promise.

Song for the Little Poet
(Jassim died of leukaemia in 1999, following the first Gulf War)

Forgive me, Jassim
for stealing your words
to win hearts.
You were the little poet
who worked the streets
selling cigarettes,
till another smoke stained
the blood in your veins.

I'll say no more
of the war,
or when uranium
from the cruising bombs
rose in rages over Basra
till the desert storm
spoilt rotten a child like you.
        Pointless to say that its breath
will be walking the earth
for all the long years,
four millennia, in truth.

You weren't part of the story –
the big men's revenge, their warring –
apart from your battle for breath
you gave war a wide berth
as you gathered the sayings of your land
in your notebooks, in your small hand.

Dyma un iti yr eiliad hon,
'Gwyn eu byd, y pur o galon.'

A beth oedd y rheiny a luniaist ti?
'Beth, angau, sydd yn fwy na thydi?'

Nyni, feirdd bychain, ar dir y rhai byw,
ein sgwennu'n sownd dan angerdd
a'r Creawdwyr newydd yn llunio'r hengerdd.

Emyn i Gymro

(detholiad o'r libretto er cof am R.S. Thomas)

IV

Pwy a gyfrif adar ein cynefin?
Pa lygaid llonydd a syll
ar benbleth o fonblu?
A ddaw'r gog anwel i'n pryfocio?
'Cyfrif ein bendithion, bob yn un ac un?'

Ti oedd lleiafsymiwr ein sylwedd.
Rhif y gwlith dy weledigaethau.
Athrylith y didryloyw oeddit
yn gloywi taith nos i'r deillion.
Troi'r anchwiliadwy yn chwyldro
A wnest, holi'r tir tywyll.
Nid i ti, suon a sibolethau
wrth gaerau – cyweiriwr oeddit –
flewyn glas a hirbig y don.

V

Cyfri, yn y flwyddyn dwy fil ac un,
cyfri milod yn ysgerbydau a wnawn,
cyfri mudion yn golosgi'r hwyr,
yn toi'n machludoedd yn wewyr.

So here's one for you, at this hour,
'Blessed the meek whose hearts are pure'.

You wrote down each maxim and saw.
After yours whose death could mean more?

We are small, poets alive on the earth
our fire hidden in longhand's purse,
new creators writing the old verse.

Hymn to a Welshman
(for the libretto i.m. R.S. Thomas)

IV

Who will count our native birds?
What unblinking eye will see
the feathers' intricacy?
Will the secret cuckoo wake us?
'Count our blessings, one by one?'

You counted our small change.
Numberless as the drops of dew were your insights.
You were the genius of the half-light
lighting the way for the night-blind.
You turned the inscrutable, a whirlwind,
as you questioned an earth that is dark tonight.
Not for you the whisper or shibboleth
by the tower, you who were mender of the world,
of every feathered grass, every long-fingered wave.

V

Count, in the year two thousand and one.
Count the creatures, count the carcasses,
count the silenced ones scorching the night
like suns setting in the firmament.

Cyfri pydewau a chelanedd,
a chyfrif ers mil y blynyddoedd
anghyfannedd;
cyfrif tor a chyfrif torri,
yn yr heth, rhywbeth sy'n nodi
cymaint trais sydd ar ddyn a'i ddeiliaid,
cymaint byd hesb yw, sy'n llawn trueiniaid.
Eto, dalen lân dy gerddi a ddeil yn dosturi
yn llith a ban, a chyfannedd ei chenadwri.

VI

Emyn i Gymro,
nid da gennyt
mo'r llusgo emyn
yn ganiadau o rwygiadau,
na'r sopranos uchel yn 'woblo'
na dyfnlais yr alto'n treiddio.
I ti, lais y mynach pell –
unllais yn ei fyfyrdod a'i gell

Oedd y gair a gân:
cil-cred
cil-haul
cilagor llygaid
cilgant lleuad o foliant,
musica humana.

VII

A'n cyfrif a wnaethost,
galw i gyfrif, rhifo dyddiau,
wedi'r Pasg bach,
a'r Cymry heb adwy –
epigoni rhyw hap genedl,
osodwyd i flwch 'yr arall';
hirlwm sy'n drwm ei dramwy
a'r diwardd a waharddwyd.

Er na adawodd y Celtiaid
yr un ddalen inni;
yn ein plith heddiw
mae gwlithen
dy ddail bendigaid – dan awen.

Count the pits and the deaths.
Count millennia, desolation.
Count rupture, count butchery
in the cruel cold, count
the violence upon man and his tenants,
how crushed and bitter is a barren world.
On the clean page your poems bring a lesson
In succour, and habitation is your meaning.

VI

Hymn to a Welshman,
you never liked
the dragging hymn

the quavering soprano
or the piercing alto.
For you the one voice was the plainsong
of a monk in meditation in his cell.

The word that sings
a faith-chink, sun-blink
wink of an eye
opening a hosannah,
musica humana.

VII

And you counted us too,
called us to account, numbered the days
after low Sunday,
and the slandered Welsh
the late-born of some chance nation.
listed in the box marked 'other'.
Winter weighs heavy on their way,
and the unruly are banned.

The Celts left
a page without words.

For us today
a rainshower
over your leaves
turns a poem into daylight.

VIII

I rai fe roed
offeiriaid
i ddarllen ar eu rhan
y Gair.
I dorf, fe roed
bugeiliaid,
i gorlannu
eu cred.
I eraill fe gaed
anffyddwyr
i dynnu'r gair
o'r Crud,
gerfydd ei wallt,
a'i ddal dan olau'r nos
fel gwyfyn yn palfodio.

I gôr o Gymry
heb lais,
a lleisiau cryg,
a'r rheiny sy'n credu
ac amau,
bob yn ail,
a'u hanadl yn fyr o ddadlau,
fe roed i ni,
fardd.
Un i lunio drosom
air, a'i euro,
ar dro,
ei herio,
nes ei droi
yn ble o blaid
byw y rhelyw.

A thrwy'r gair
a drodd yn gain,
weithiau'n graith,
ond nas clasbiwyd
gan na brad na brwydrau,
nac oglau gwaed croesgadau,

VIII

Some were given
priests,
to read the Word
on their behalf.
Many were given
shepherds,
to keep faith safe
in its fold.
Others were given
doubters
to pull the word
from its crib
by the hair
and hold it in the night light
like a moth beating in the palm.

To a choir of the Welsh,
voiceless,
hoarse-voiced,
and to those who believed
without question,
every one, every time,
their breath full of quarrelling,
there was given
a poet,
one to make for us
a word, to gild it,
sometimes
to challenge it
till it turns
to a plea
for the life of the tribe.

And through the word
he refined,
sometimes wounded
but not
with war or treachery
or the blood scent of crusades.

down i ganu'n ddi-sain
– ymuno'n yr emyn
yr 'Emyn i Gymro',

emyn heb iddo
agoriad, na diwedd
na'r un amen gan neb.

We sing the song
again.
Join in the hymn
'Hymn to a Welshman',

a hymn without
beginning
and certainly without
amen.

Cysgu ar ei thraed

'Mae'n cysgu ar ei thraed'
oedd credo'r teulu,
ac ni chawn fod,
am hynny, yr ola'
i ddiffodd goleuadau,
na'r hwyrfrydig un i'w gwely,
rhag im losgi'r tŷ i'w sylfeini.

Eto, cymar a'm cymerodd,
caniatáu imi'r cyntun
wrth gamu trwy einioes,
rhoi annedd yn fy meddiant,
a gofal hafol dau
fu'n ennaint am fy mhen.

A rhwng cerdded yn fy nghwsg
a hwyrnosau o anhunedd,
bu fy myd
yn wely heb ei wneud yn llyfn
yn y bore,
a phob llen yn ddiobennydd.

Ac eto, beunydd, beunos
yr annedd oedd fy nghyfannedd,
un lluest a mwnt o lestri
i'w llenwi â llawenydd

wrth imi dramwyo o hyd
y llwybrau yn llygad-bell,
gan synfyfyrio ar fy nhraed
a rhoi ar gerdded – freuddwydion.

Asleep on Her Feet

'She's asleep on her feet'
was the family creed –
and so I was never allowed
to be the last one up to bed,
the last one to turn out the light,
in case I burnt the house to its foundations.

And yet, a mate took me,
allowed me rest
as I walked through life,
gave a dwelling into my possession,
and the summer care of two souls
whose breath was a blessing on me.

And between walking in my sleep
and long nights of sleeplessness
my world
was the rumpled bed
of morning,
with every counterpane unpillowed.

And yet, each day, each night,
our house was my true refuge,
a shieling and a mound of dishes,
the slant smiles of happiness

as I walked the hallowed ways,
my eyes on long horizons,
meditating on my own feet
setting my dreams on their way.

Gair o Brofiad

Yn ddeuddeg oed, bwrdd llawn bwrn oedd;
minnau heb ddim i'w ddweud wrth neb,
dim glaw mân mynydd o siarad,
na chymylau caws a maidd llawn rhyfeddod;
llai fyth ambell storm o stori.
Mudan own, yn cwato mewn cnawd.

'Beth am roi inni air o brofiad?' meddai 'Nhad
uwchben lluniaeth llawn llawenydd;
a chawn fy hun yn estyn gronyn,
yn ofnus ddal y dur yn uchel
heb sarnu. Ond anos torri gair
na rhoi cyllell lem drwy gig rhost;
mwy poenus pasio gair neu ddau
na dal dysgl boeth, didoli'r pys a'r ffa.

Ympryd i un oedd iaith.

Heddiw, daw'r ddihareb yn ôl:
y gair o brofiad oddi ar frest
uwch ffest rhyw westai.
Cans feddylies i erioed
y treuliwn oes yn dogni geiriau.

Bellach, un fudan fodlon wyf,
yn eistedd uwch bwrdd a'i fwrn
heb farn heblaw gormodedd.
Eto i gyd, barus wyf
am friwsion sy'n ddim
ar liain bywyd, o'u hysgwyd,

ond geiriau yn nannedd main y gwynt.

Tell Us Something About Yourself

At twelve, my table was laden with silence;
I had nothing to say to anyone,
no passing squalls of chit-chat,
no curds-and-whey cloudy tall tales,
no lightning-strike of story.
I was silent, sucked into my flesh.

'Tell us something about yourself,' said Father,
above our daily bread;
and I would, hesitantly, reach for a morsel,
holding my fork high so I wouldn't drop it.
Easier, though
to carve the roast with a whetted knife
than break the bread of conversation;
more painful to pass the time chatting
than pass a hot dish, sorting the peas and queues.

Language was a fast for one.

The phrase comes back to me now:
the impromptu 'tell us about yourself'
above the delegates' banquet.
I never ever believed
I'd spend my life filleting words.

I am contented to be mute,
sat at a board weighed down
with no judgement but excess:
and yet, I am greedy for crumbs
that are no more, when you shake life's cloth
than words on the cold, hard breath of the wind.

Bore gwyn yr Eglwys Gadeiriol yn Warsaw

(I Nuala Ni Dhomhnaill)

Mae ambell fore mor ddiwair
Fel yr ofnaf ei halogi â thwrw gair.

Fel y bore pan groesaist at stryd gerllaw,
Dychwelyd yn heini, dau dusw mewn llaw.

Lili'r maes a'r rheiny'n gryndod i gyd
Yn dallu'r cerbydau â'u gloywder mud.

Eiliad yn gynt, plant gyda'u menig gwyn –
Yn eu Cymun cynta'. Gwyn eu byd y rhai hyn.

The Bright Blessed Morning at Warsaw Cathedral
(for Nuala Ní Dhomhnaill)

Sometimes a morning will have a purity
that words can only stare at. See:

today, when you crossed the street below,
your arms bunched around drifting snow.

The lilies of the field. How their bright trembling
dazzled the cars with their silent yearning.

Seconds earlier, at their first Communion
the white-gloved girls. Blessed be the children.

Molawd i'r Lleuad

(ar drothwy rhyfel)

1

Nid lleuad mohoni heno,
wrth imi syllu arni
fel sbio trwy ddrych
a chanfod dant y ci.
A myfi yw lleddfwr doluriau
yn mynnu, ar oledd,
syllu i geg y cread,
a gweld dim ond pydredd.
'Mae'r ddannodd arnaf,'
medd y lleuad,
gan wynio, gwynio,
a rhincian dannedd.

A gwelaf mai gormodedd
mercwri sydd yn ei gwneud yn sâl.

Beth wnaem hebddi?
meddai ceg ddu'r nos,
un fantach, ni wna fywyd.

Yna, daeth llen y gwyll dros y bryn,
fel nwy tawelu –
a thynnu'r dant o'r gwraidd.

2

Dyma'r dŵfe gorau un,
y ffenest yn ddi-len,
a'r lloer yn blu cynnes drosof.

3

Gyrru o Lŷn,
a'r lleuad ar fy ngwar
tuag adre,
fel goleuadau blaen car
y tu ôl ichi'n fflachio
a chithau'n credu'n siwr
ei fod yno'n plagio.

In Praise of the Moon

(on the brink of war)

1

Tonight,
as I stare at her
through a dentist's mirror
she is no moon.
Finding the wolf-tooth,
I am the easer of pain.
Lying on my belly, squinting, I peer
into the mouth of creation
and find only decay.
'Toothache,' says the moon,
moaning and groaning,
gnashing her teeth.

I detect that an overdose of mercury
is causing her sickness.

What would we do without her,
asks night's black mouth,
she and her witch's gap-toothed grin
in return for a life?

Like nerve gas,
a veil of dusk fell over the hill,
drawing the tooth from its root.

2

This is the loveliest duvet of all.
A curtainless window,
the moon warm feathers on my bare body.

3

Driving homewards from Llŷn,
the moon at my back
(a roadster's flashing headlights)
I'm sure that someone's hot on my trail.
Yet however fast I travel

Eto, pa mor chwim bynnag
yr af,
llwydda i'm goddiweddyd;
– Ei golau ôl a blaen
yn tynnu llygaid y lôn
i ddawnsio hyd nes im gyrraedd
drws diogelwch.

4

Rhyfeddodau'r Meistri?
Nid trwy ffenest y daeth y meistri
o hyd i harddwch.

Heb olau trwy'r helyg,
mor unig fyddent.
Fyddai'r un *haiku*
yn werth ei chofio
na'r un lloergan
yn werth ei churiad.
Heb eu gallu i weld
sylwedd trwy serenedd
fyddai'r un glöyn yn werth ei aden
na'r un gromgell yn ystwyrian.

Diolch iddyn nhw
ddylen ni,
y di-ffenest-feistri,
am gerdded yr unigeddau
trwy drwch eira a rhew
nes dod o hyd i ddolen fechan
y lleuad, sy'n agor pob dychymyg.

Dyma sut y daw mawl i'r byd,
i un fyned ar droed,
i genhadon chwilio'r neges
sy'n crynu uwch y crindir,
yn crefu am weddi o lygad
yno'n y ffurfafen.

O fynd yn ddigon pell
y down o hyd i'r hyn sy'n agos,
o ddringo'n uchel

she's always overtaking me:
her rear lights and headlights
drawing the roads' eyes
to dance until I reach
my own safe door.

4

And what of masterpieces?
The masters did not find
beauty through a window.

How lonely they would have been
without the light through willow.
No haiku would be worth remembering,
no moonlight worth its rhythm.
Without their power to see
the substance of serenity,
no butterfly would be worth its wing,
no wriggling caterpillar cell.

We should thank them,
those windowless masters,
for walking the forsaken places
through thickness of ice and snow
until they found
the small handle of the moon,
which opens on all imagining;

this is how praise comes to the world
through one soul's walking,
missionaries combing the sky for the message
quivering in the heat-haze above the parched lands,
begging to be beamed from those eyes
there in the sky.

If we travel far enough
we find what is close at hand.
If we climb high enough
we find the deep places.
We find a new heart
beyond the dark lungs of night.

down o hyd i ddyfnder
a chael y galon newydd
ar y tu fas i ysgyfaint du'r nos.

5

Beth tybed a wneir
o hen leuadau,
heblaw eu gweithio'n gerddi
neu eu hailgylchu'n glustdlysau?

Neu falle mai lladron a ddaw
o dan glogyn niwlen neu belydryn
a'u cipio.

Falle y cawn syndod ryw ddydd
o gyrraedd planed newydd
ac yno y byddant, dan adnau.

6

Ai atgof yw'r lleuad
o anadl oer bywyd,
o fod tu hwnt
i gyrraedd oed?
Fel y gallwn ddweud
'Mae oed y lloer arnaf.'

7

A heddiw, tra bydd gwyddonydd
o dan lygad noeth yn dyfalu
a fu einioes ar blaned Mawrth,
y tu hwnt i ddwrn y fangre hon,
efallai y bydd y lleuad yn cynnal
ei chwyddwydr ei hun arnom.

8

Heno, talp o sebon yw,
glân a gloyw,
yn persawru,
a dyma o'r diwedd ystyr 'cannu':
golchon sy'n falch ar wyneb,
yn trochi, moli,
moli a throchi.

5

I wonder what we could make
out of old moons,
apart, of course, from beating them into poems,
recycling them as earrings?
Maybe thieves come
under cover of mist or moonray
and steal them away.

Maybe, one day, setting foot
on a new planet we will be amazed
to find all the old moons taken hostage.

6

Is the moon a memory
of life's cold breath,
of being beyond
the reach of another?
So that we may say
'I am as old as the moon itself.'

7

As the astronomer tries to fathom
under that naked eye
whether there was ever life on Mars,
beyond the fist of here and now
perhaps the moon is training
her own magnifying glass on us.

8

Tonight, she's a cake of soap,
clean and shining,
scented, perfuming,
and here, at last, is the meaning of purification:
suds proud on the face,
immersing, praising, praising, raising.

Tlodi Newydd

(i weddw un o feirdd pwysica' Cymru)

The reader is the final arbiter and it is for him that I
kept M's poetry and it is to him that I handed it over.
Poetry is a healing, life-giving thing and people have not
lost the gift of being able to drink of its inner strength.
NADEZHDA MANDELSTAM

Pe gallwn, mi bwyswn ei geiriau
a'u rhoi mewn piser ichi,
eu gwasgu a'u sychu
a gweithio gwledd i'ch llonni;
fel y deuent yn deyrnged –
'Gobaith yn erbyn gobaith',
cans nid oes diffodd tir diffwys;
a dangoswn eu gwaddol
a'r eples sy'n fynwes fwyn,
y sawl a gâr ei gerddi tu hwnt i'w galar.

'Gall pobl gael eu lladd
yn enw barddoniaeth,' meddai.
Arwydd yw o'r parch dihafal –
eu bod yn medru byw drwyddi;
ie, hyhi, yr awen fenywaidd fawr
fu'n clymu bardd at briodas
tu hwnt i'r fodrwy ddaearol.

Ac mi anfonwn atoch
yr hanesion amdani'n llechu
ei gerddi mewn clustogau,
eu gwthio i sosbanau,
eu cwato mewn esgidiau,
fel y gallai'r gerdd, ryw ddydd, gerdded.

A chollodd gwsg. Eu dysgu fesul adnod
nes 'matru ar ddalen ei gathlau fel na chaent
dresmasu ar dir ebargofiant.

Hyhi, yn arllwys i'r byd
ddiferion o'i ffynnon,
hyhi, a wyddai fod cloc dŵr
yn tician.

New Poverty

(to a poet's widow)

> *The reader is the final arbiter and it is for him that I*
> *kept M's poetry and it is to him that I handed it over.*
> *Poetry is a healing, life-giving thing and people have not*
> *lost the gift of being able to drink of its inner strength.*
> NADEZHDA MANDELSTAM

If I could, I would weigh and measure her words,
give them to you in a pitcher,
press them, then, and dry them,
make them a feast to gladden you;
so that they would become a tribute –
'Hope against hope',
because a wasteland can never be torched.
I would show you their bequest
I would show you the ferment filling the heart
of a woman who loves his poem more than her grief.

'People are killed
in the name of poetry,' she said.
They could live through that: the fact
is a sign of unexampled respect.
Yes, she, the great female muse
lashing her poet to a marriage beyond a mere ring.

And I would send you
the rumours – how she concealed
his poems in cushions,
stuffing them in saucepans,
secreting them in shoes,
so that the poem might one day walk.
She was tireless. She learnt them like a text
until she could spill his verses on the page,
keep them from trespassing on the no man's land of oblivion.

She, pouring into the world
drops from his fountain,
she who knew that a water clock was ticking,
she who knew that to give
is to be given the world,

Hyhi, a wyddai mai rhoi
yw derbyn y rhod.
Hyhi, Nadezha, unig
ei gwên yn hunllefu'r sawl
a aeth â'i gŵr ymaith,
Kamen. Carreg. *Tristia*:
y pethau trist.

*

Pe gallwn, mi luniwn o inc yr India
ei llythyr olaf ato.
Osia, fy nghariad pell i ffwrdd,
Osia, meddai,
gan wybod mai geiriau i'r gwagle oeddynt:
'O am orfoledd ein cyd-fyw,
ein gêmau, ein dadleuon,
ni allaf syllu ar yr awyr mwyach
cans gyda phwy y medraf ei rhannu.
A gofi di flas y bara, ein tlodi dedwydd?'
Pob deigryn a gwên, iti y maent,
fy nhywysydd dall yn y byd hwn,
mor anodd yw marw ar wahân.

A daethost ataf, yn fy nghwsg,
myfi a fu mor wyllt a blin,
heb ddysgu gollwng dagrau syml.
Ond gwn yn awr sut mae crio.
Ffarwel – dy Nadia.'

Pe gallwn, chwaer, mi drefnwn
oed fel y medrwn ymadroddi
am sacramentau sicr, ym min
llanw a thrai ei delynegion.

Pe gallwn,
ond anhysbys yw cri mewn coedwig,
a byddai geiriau'r bardd,
mor sobr â chyffion Siberia.

Dyma dlodi annedwydd yr awen
bod geiriau i rai yn warth,
ond i eraill yn swyn sy'n creu gwyrthiau.

she, lonely Nadezha,
her smile nightmaring the men
who took her husband away,
Kamen: a stone. *Tristia:*
the very stuff of sadness.

*

If I could, I would write
in black ink her last letter
to him. Osia, my so far away love,
Osia, she said,
knowing that these were words in emptiness:
'I long for the pure joy of our life together,
our games, our arguments,
how can I look at the sky now
for I have no one to share it with...
Do you remember the taste of the bread, our contented poverty?'
Each tear and smile is for you,
my blind guide in this world,
how hard dying is when we're apart.

And you came to me, in my sleep,
to me, who had been so wild and cross,
not having learnt to shed simple tears.
I know how to weep by now.
Farewell – your Nadia.'

Sister, if I could, I would set
a tryst with you so that we might converse
of sure sacraments, on the very crest
of the ebb and flow of his verses.

If I could I would do it.
A cry in a forest belongs to no one,
and the poet's words would be
as unforgiving as Siberian prison walls.

Words are a shame to some,
to others, a miraculous spell:
this is the discontented poverty of poetry.

Titw Tomos

*Fe glywodd cynulleidfa gyfan un titw yn cadw twrw yn ystod
Gŵyl dathlu bywyd R.S. Thomas ym Mhortmeirion yn 2002.
Ond daeth y titw yno gynta, y prynhawn cyn y perfformiad pan
oedd y bardd ar ei phen ei hun yn disgwyl y delynores.*

Ymarfer ar gyfer gŵyl
nes i sioc y gnoc,
   geincio ffenest;
yn ddi-sgôr yno'n telori
   un titw Tomos bach,
wrth y cware, ac o'r cracie
   galwodd arnaf o'r cyrion.

Plyciodd fel pe mewn plygain,
   dim ond fe a fi
a neb arall,
   dau big mewn unigedd.

Yna, yng nghlyw'r delyn,
   dychwelodd i blycio,
ei adain yn troelli,
   ac i sain tannau, ymunodd
â'r gyngerdd o'i werddon.

Drannoeth,
   daeth glas y pared
yn ôl i weld hen ffrindiau,

wrth i rai sôn amdano,
yn caru pob curiad
o'r adain mewn ffurfafen.

A phrofwyd y wireb
mai adar o'r unlliw – ehedant...

Eithr cofio'r dieithryn
   a wnaf o hyd,
yr Ebrill bach ebilliodd,
   acenion cyn canu

The Stranger

A roomful of listeners heard one blue tit making its presence felt during a celebration of R.S. Thomas's life at Portmeirion in 2002. But the blue tit had first arrived the afternoon before the performance, while the poet was awaiting the harpist.

Rehearsing a festival
I hear a small arpeggio of knocks
shocking the window:
warbling there, scoreless,
one tiny blue tit:
through the panes, beyond the frame
he calls to me from the margins.

Trilling as if at matins,
just him and me,
no one else,
two solitary beaks.

Then, in the harp's hearing
he came again to draw his thread of song
on fluttering wings,
harmonising the strains of the harpstrings, chambering
the concert from his oasis.

The next day,
the small singer
returned to see old friends.

Just as some spoke of him,
loving every beat of a wing
that's in the sky.

And so the dictum came to pass –
that birds of a feather do flock together.

And yet I remember the stranger,
the small April he carolled,
the grace notes before the song,
you and me,

ti a mi,
    lygad at lygad
yn troi'r neuadd wag yn nyth o ddathliad.

eye to eye,
turning the empty hall into a nest of jubilation.

Cerddi Newydd
New Poems

(2007)

Y Cynta i weld y Môr

Bod 'y cynta' i weld y môr,
dyna'r agosa' y down
at ddarganfod yn llygad-agored

Yr arlais, cyn inni ddidol
Yr aeliau sydd rhwng nef
A daear, gwagle a gweilgi.

Awn yn llawen tua'i chwerthin:
Cyrraedd at ymyl fflowns ei chwedlau,
Tafodau glas yn traethu gwirebau.

Am ennyd, syllwn heb allu deall
Ble mae'r dyfnder, y dwyfol nad yw'n datgan
Ei hun, wrth swatio'n y dirgel.

A gweld o'r newydd nad yw moroedd
Yn llai mirain, er i longau ddryllio
Ar greigiau, cans yno bydd y cyffro

Sy'n iasu yn ein geni'n frau o'r newydd.
Gweld y môr gynta' yw'r cynta'
Y down at ddarganfod gwir ryfeddod.

Seeing the Sea

To be first to see the sea
Is the closest we may come
To open-eyed discovery.

There she lies, a temple
Helping us draw the line
Between heaven and earth,
Nothing and oceans.

We travel gladly towards her laughter,
Reaching the skirt-hem of her stories,
Where her tongues tell truths.

For a time, we stare, not understanding
Her depths, this divinity who will
Not reveal herself, hugging her secret

And see, anew, that a sea
Is no less beautiful because ships
Founder on rocks, because, look
In her split-second waves

We grow younger with each frisson;
Seeing the sea
For the first time
Is the closest we may come
To the wonder of eyes opened.

Breuddwyd yn erbyn y Cloc

Nos Gŵyl Ifan oedd hi,
Pan ddaeth ei eiriau
Fel angau cath ar y ffordd;
Yn fy nghlyw, ail-fyw y cyfan,
A heini own mewn anhunedd,

Y breuddwydiwr ei hun a ddaeth,
Ar gerdded, traed hen gloc,
Pendilo'r byd o dow i dow,
Yn llanw a thrai, ymryddhau,
Aelodau'n gread llydan amdanaf,
Fy mryd a'm gwedd oedd weddaidd:
Ar ôl pryd o synfyfyrio
Holi fy hun a wnes
Pa *bryd* y daw'r 'prydferth, 'i ben?

Ein cloc yw'n hafoc hefyd,
Eiliad o lygad, ar lwgu,
Yw'r un a wêl un o'i gwely.

Yna, cerdded yn fy nghwsg,
Yn gorff iasol, cyn gorffwys,
Pob drws-y-wig, yn droed drom –
Dod at goed a'r haf gyda Dafydd:
Fe roes im aloes ac almon,
Swyn ym Mai o sinamon,
Deiliach yn fil o fanila,
Yn bum siffrwd, yn gnwd o gnawdol

Nes i'r 'awrlais' fy arwain yn ôl,
O'r gelli las, gan fwhwman,
Dwyn anfri ar foddhad,
Bygwth gwneud sôn amdanaf,
Wrth fy nal yn ysgyfala,
Tician, tocian,

Ac wedi'r tŷ o ddail – ef yn gadael.

Hen dro, mi wn. Ond yn yr hendre

A Dream Against the Clock

Midsummer night
and his words woke me
like the car-struck cat.
He sang alive in my ear
and I, nimble with wakefulness.

Came the dreamer himself
walking, an old clock's feet,
pendulum rocking to and fro,
ebb and flow, letting go,
my limbs creating a world,
my face lovely with dreaming,
facing my fantasy,
facing the question:
when does beauty die?

Our clock is our havoc.
A moment's glance, and desire's
what we see from the bed.

Then I walked asleep,
my body burning, restless,
every door in the night-grove
was a heavy foot treading.
In summer woods I wandered with Dafydd:
he gave me aloes and almonds,
a May full of cinnamon,
leaves of a thousand vanillas,
five rustlings of the body's harvest.

Till Time's voice brought me back
from the green grove.
The tell-tale clock shamed me,
caught me out pleasuring,
ticking, tocking, leaving
the lover's house of leaves.

The old story, I know. In my winter-house
I'll make my own nest at summer's end.

Dyheu am greu ynof grud
A wnaf, ar ddiwedd y dydd,
A'm bryd, fel y daw i ni gyd
Am yr hudol gwsg;
Ysgyfaint i ganu ei chrwth,
A'm breuddwyd, dan gronglwyd
wedi cyrraedd, os nad cadw

Oed.

Hen daith gyda henadur

Awn ar daith drwy'r wlad
A gosod y cloc ar sero,
I wirio'r tir wrth droi y llyw,

A pha mor luosog bynnag
Yw'r milltiroedd, toddant yn ddim
Wrth ochr yr henwr a wêl bob adeilad

Yn ddi-raen ac adfeiliog,
A 'chau' yw gair syber y dydd,
Wrth i gysegr a llan a thŷ cwrdd

Wrthgilio'n siop garpedi
Neu'n ddeintyddfa sy'n tynnu dant o'i foch –
Cans mae testun pregeth yno.

Un parod o dan ei dafod:
Fel y bydd eisie golchi dannedd
Y saint, rhag haint y 'dant am ddant'.

Ai fel hyn y daw terfyn ar daith pererin
Sy'n croesi'r deg a phedwar ugain?
Pob cau fel ffon ysgol, yn simsanu troed

Wrth gamu yn ôl, yn ôl, yn ôl
At gorff hen y gorffennol,
'Beth wnaf i â'r holl atgofion?'

Come the time, as it comes to us all,
to seek the enchantment of sleep,
for the breath playing its lute.
My dream under the eaves
came to me, but broke its promise.

Journey by Car

We journey through the country,
setting the sure clock
to check the earth we cover.

And no matter how numerous the miles,
they unspool beside the years
of this elder in whose eyes all buildings

are dilapidated, mere ruins.
'Closed' is his word for the day,
seeing chapel and church and meeting-house

backslide into carpet shop
or the dentistry that, tooth in cheek
gives him a text for a sermon

sealed under the roof of his mouth:
how the sainted ones should brush their teeth
lest they claim a tooth for a tooth.

Is this how it is for those meek ones
who cross that ninety-year road?
Every closure a shaky foot on a rung

stepping backwards, backwards, back, back
to the old body of the past,
'What shall I do with all these memories?'

Meddai, gan wybod na all eu dal,
Wrth i enwau ffado, a'r dyddiadau lithro,
Ac eto, digon sy' yno'n weddill.

'Gormod o atgofion sydd gen i.
Bob bore, rwy'n treio dweud dan f'ana'l
"Dim mynd nôl heddi nawr,

Dim ond bwrw ymlaen a derbyn y dydd."'
Ac eto, fe wn fod pres ei bresennol
Mor anodd ei drin ag arian newydd,

Deg a phedwar ugain, ar hyd y lôn,
A'i ganrif yn goeth o glychau aur;
Yn berllan o afalau cleisiog ar lawr.

*

A beth a ddaw i ninnau, y dydd pan fyddwn
Yn wregys-dynn, mewn cerbyd, rhy hen i boeni
Er teimlo pendro wrth basio'r perthi tal?

A welwn gorun adeilad y Mileniwm hardd
Uwch y dŵr yn wenau arian?
A fydd y Llyfrgell Gen. wedi hen gau

O ddiffyg diddordeb mewn dalennau;
Nes chwysu'r cyfan yn wenfflam, un noson?
A phwy a ŵyr, na fydd cau a chau

Yn tynhau ein gwefusau ninnau, wrth weld
Ar ymyl ffordd rhyw geriach wedi rhydu
Dros yr ychydig lesni sy'n weddill.

Cans beco nôl a wnawn drwy'n bywyd –
Ar dragwyddol heol sy'n lôn
A dry yn sydyn reit, yn gyfyng-gul,

Nes ein cael i gamu yn ôl
I lecyn aros, rhag cau y ffordd yn llwyr;
O gam i gam awn adre'n gwybod

he sighs, knowing full well
that he can't contain them as names fade, dates collide.
And yet, there's plenty to share out,

'I have too many memories.
Every day, I try and say under my breath
"No going back today, now,

just steer along, steer along today." '
And I know too how the mercury of the hour
is difficult as new money to handle.

Ninety years down the road, here he is,
his century of splendour spent
orchard idle now, bruised apples, uncollected.

                    *

Look on, I say to myself, we'll be there one day,
belted in, too old to worry
at the dizzying speed of the hedges.

Will we see the Millennium Centre shine
like a crown under water, reflective baldness?
Will the National Library close

from lack of interest in pages:
or will it, one night, burst into flames?
And who knows, will we echo 'closed', 'closed'

to this and that as the scattered ruins
lie over the little greenery there is,
as hard and grey as lichen?

Throughout our lives, we live in reverse,
on the eternal road, the golden mile
that suddenly becomes a single track road,

and find ourselves, backing
to a passing place to wait, rather than block the lane.
Metre by metre, we find our way home

Mai mynd a dod yw dull y pridd a'r glaswellt,
Cau ac agor, agor a chau –
Ac ar hynny, agorwn ddrws y car

Cyn ei gau, yn llipa reit, y tro cynta',
Yna'r eilwaith, ei gau'n glatsh, yn siarp o glep
I fod yn siwr. Jyst i fod yn hollol, hollol siwr.

Libanus a Lebanon, 2006

Cŵpons dogni yn ôl,
roedd fy nhad
yn weinidog
yr Efengyl
yn Libanus,
y Pwll,
Llanelli – chwinciad dur i ffwrdd,
yn ddwy filltir, dwy geiniog ar y tram.

Ugain mlynedd wedyn,
roedd Libanus
ar y teledu,
Pwll,
yn ddu a gwyn;
sawl gweinidog
yn cyhoeddi,
rhagor na'r 'Gair'.

Ugain mlynedd eto,
hyd at heddiw,
o weinidog i weinidog
a'r 'newyddion da'
yn lludw du.

Dan geseiliau eu tadau,
llu o angylion:
epil ar hap
a'r ddamwain

knowing that, for us here on earth, everything
comes and goes, the opening, the closing;
and at that, we too open the car door

then shut it quickly – feebly at first,
the second time, give it a good bang,
just to be sure, just to be on the safe side.

Libanus and Lebanon, 2006

Many ration coupons ago
my father
was a minister
of light
at 'Libanus',
y Pwll,
Llanelli – a blink of steel away
(two miles, and sixpence on the tram).

Twenty years later,
Libanus
was on TV,
Y Pwll
in black and white,
many a minister
having declaimed
more than the Word.

Twenty years more,
from minister to minister,
to this today,
the 'good news'
blackened to ash.

In the arms of their fathers
a host of angels;
children of chance,
their damnation

oedd eu damnio;
o Libanus
i'r Pwll
heb waelod yn y byd.

Cŵpons dogni yn ôl
fy chwaer mewn ffrog smoc,
ar wal y Mans
ochr draw i'r fynwent
yn gwylio angladd
ar lan y bedd,
gan gredu'n ddi-ffael
mai pobl-wedi-marw
oedd pob un â hances
yn sychu dagrau;
gêm gyfri oedd marw
i'r un bedair oed;
wrth iddi rifo ugain corff
yn canu 'Dyma gariad'.

Libanus,
Pwll,
meirwon,
heb hancesi,
ar deledu,
yn llawn lliw.
Eto, yn ddu a gwyn
a sawl gweinidog
heb y Gair 'da'.

Ac ymhell o'r dwndwr,
ymhell o Libanus,
ymhell bell o'r Pwll,
ymhell o lan y bedd,

mae un mewn cwsg perffaith
heb ei erfyn,
o dan gysur y goleuni clir.

an accident,
from Libanus
to Pwll,
the bottomless pit at the end of the world.

Many ration coupons ago
my sister, in a smocked dress,
sits on the manse wall
watching the churchyard.
She regards the mourners
standing at the graveside,
fully believing
that the people-who-had-died
were those holding the hankies,
wiping tears;
death was a counting game
for the four-year-old,
as she made out twenty corpses
singing 'O dyma gariad'.

Libanus,
Pwll,
dead bodies
handkerchiefless
on the news
in full colour
and simultaneous black and white.
Many a minister
without good news.

And far from the tempest,
far from Libanus,
far too from Pwll
or gravesides,
one man lies in a perfect peace
unsought-for, unasked,

under the solace of a clear light.

Carwsel y Bagiau

1

A daw bag i'r byd
Yn faban ufudd,
Yr un distaw
Wrth eich ochr,
Ar drên,
Un sy'n swilio cwmni.
Yma, ar sedd
Ei dafod lledr sy'n blyban –
Cau ac agor ceg,
Cyn ichi gau'i wefus;
Y bag hefyd yw'r cof,
Eich ffôn-ar-y-lôn, pwrs clyd,
Tabledi cur pen, menig,
Ceidw sbectol haul –
Bagedyn o oleuni yw
Ar siwrne faith,

Hwn yw'r bydysawd llonydd rhag y byd fflamgoch, rhwng eich bodiau.

2

Fe ddeallodd gwragedd
Fendithion y bag bach:
Agor drôr ddoe ddiwethaf
A'u cael ar orwedd:
Yr un o ledr coch a gafwyd
Ym Manila, un-cuddio-dan-ddillad,
Un arall, llawn gemau, at bwrpas cinio crand.
Gyda hwn, af am dro i osgoi mân siarad
A'i lochesu yn seintwar stafell y genethod;
Un dros ysgwydd,
A'r un sy'n ail asgwrn cefn
Yn eich cefn hefyd ym mhob penrhyddid llaw;
Hanes merched yw hanes traul eu bagiau;
Yr hancesi papur a guddia'r dagrau,
A'r daflen angladdol a blygir yn ddau
I'w gadw'n ddwrglòs.
Bydd bag ar ôl galar yn gyfaill hawdd ei gael
– un a ddeall holl linynnau'r llaesu.

Baggage Carousel

1

A bag is born,
a good baby
the quiet one beside you.
It scares away seat-sharers,
makes companions draw back,
here on the seat
its leathery tongue blub-blubbing,
its mouth
an open and shut case,
until you close those lips;
the bag is your memory, too,
your mobile, your squidgy purse,
your headache pills, your gloves,
it holds your sunglasses –
this basketful of light
on the long journey into night.

This is the still centre of the burning world.

2

Only women have fully understood
the possibilities of the little bag:
Yesterday, I opened a drawer
and found them lying there:
the red leather one, found
in Manila, one to hide under your coat;
another, studded with jewels for a reception,
I take for a little walk to escape idle chitchat,
and find it sanctuary in the ladies' toilet;
one a shoulder bag,
one that's a second backbone,
a strong support for your newly-freed hand;
the wear and tear of handbags tells women's stories,
the tissues which hide the tears,
the order of service, folded in two
to keep out the tears and rain.
In grief, a bag is a stout companion
who truly understands the way ties slacken.

3

Beth oedd tu mewn i glicied y jôc
Am Thatcher a'i bag?
A ble oedd hwnnw
Adeg y bom yn Brighton?

4

Ganol nos, unwaith yn Seiont Manor,
Fe ddihunes a gweld dyn
Yn sleifio dros falconi fy 'stafell;
A phan godes, a'i gwrso
Dyna lle roedd fy mag,
Yno'n sefyll,
Yn noethlymun, fel minne;
Ar agor i'r byd,
Llathrudd dan leuad lawn.

5

Ar dram, yn Amsterdam
Camu i'r palmant,
Fy mag wedi ei fatryd
Uwch goleuadau cras y stryd.

6

Unwaith, wrth sefyll ar balmant
Yn Llundain,
Yn nyddiau'r gwrthdystio,
Cael fy nghamgymryd
Am butain,
Am na fagwn rhwng fy nwylo – fag.

7

Un o eiriau cyntaf yr Hen Lyfr
I ddal bachyn fy nghof
Oedd 'ysgrepan',
A chasglodd gwdyn dychmygus amdanaf –
A weithiodd Adda sach?
A drefnodd Abraham ffetan
I gario'i gynllwyn hyll i ben y mynydd?
Tebyg nad oedd 'na ddigon o godau
Yn bosib i ddal holl rywogaethau Noa?

3

What lay behind the snicket of the joke
about Thatcher and her bag?
And where, exactly, was it
when the bomb blew up in Brighton?

4

Midnight at Seiont Manor.
I woke and saw a man
sneaking over my balcony;
when I got out of bed and chased him
there was my bag,
sat there as buck-naked as myself,
shining under a full moon,
open to the whole world.

5

On a tram, in Amsterdam,
a step onto the pavement,
my bag undone
above the raw lights of this street.

6

Once, as I stood on the pavement
in London,
in our days of protest,
I was mistaken for a whore
because my hands were handbag-less.

7

One of the first words in the Big Book
to live in my mind
was 'scrip'.
I drew a duffle bag of imagination –
Did Adam weave a sack?
Did Abraham rustle up a wallet
to carry his terrible plan up the mountain top?
There couldn't possibly have been enough bags
to hold all Noah's beasties?

8

Os yw un bag plastig
Yn cymryd mil o flynyddoedd
I bydru –
Pam yn y byd na allwn eu gwahardd
O dir Cymru?

9

Mae'n anodd i eiriolwr bagiau
Ddeall y sawl,
– pwn ar gefn –
Sy'n myned trwy orsaf,
Angau'n oedi ar ysgwyddau
At borth mor gyfyng-dywyll,
Bore hyfryd o haf,
I ddatod rhwymau,
A'i gynnwys yn gynsail
I ing yn damsang.

Rhodd?
Bagad gofidiau.

Yna, sachau newydd a gludwyd
I fforensigeiddio aelodau a mater
Tu hwnt a thu draw i fater –
Yr unig fater sy wir heb gyfri'.

10

Un ddameg sy i'r teithiwr triw:
Mae cyrraedd yn fyw
Yn rhagori ar giw yn '*lost luggage*'.

11

'Mynnwch hwyl,' meddai'r Iseldires,
Wrth imi ddewis ei bag am dri iwro
Ar ddydd Oren yn y Prinsengracht;
Ei bag ysgol ydoedd,
A'r diwrnod y caries ef adre –
Fe deimlwn fel geneth ysgafndroed
Cyn greddfu y byddai'r bag yn caru cael beic.

8

If one plastic bag
takes a thousand years to rot
why can't we in Wales
ban them from our plot?

9

It's not easy for a committed baglady
to understand anybody who,
rucksack on back, passes through the station,
his shoulders weighed down with Death,
to a straight, dark gate
on a lovely summer morning,
to pull a string,
and lay himself as well
at the trampling feet of suffering,

his gift –
a bagful of sorrows.

Other bags are brought
to forensicise limbs and matter
that's beyond and outside matter –
the only matter that truly matters.

10

The traveller true has one refrain
I'd rather get back home again
than wait in the rain without my luggage.

11

'Have fun,' said the Dutchwoman
as I paid three euros for her bag
on Orange day in the Prinsengracht.
The day I took her satchel home
I felt like a carefree girl.
I intuited the satchel would like a bike.

12

O bob dim a feddaf yn y tŷ,
Y fasged sbwriel wrth fy nhraed
Yw fy nghyfaill pennaf.
Herciodd unwaith ar ddolennau
Beic fy mam,
Wrth i honno
Fynd ar neges yma a thraw,
Yn wraig gweinidog landeg;
Gallaf glywed y lemwn o'i theisen
Yn codi i'm ffroenau,
Gweld ei chacen farbl yn chwyrlïo
Nes dawnsio i'w lle;
A'm bysedd yn llyfu'r eisin.

Ond edrychaf eto,
A does dim yn y fasged
Dim ond geiriau torllwyd,
Helion ar wasgar
'yn eisteddfa'r gwatwarwyr'.

13

Mae'n hen dric mewn gweithdai,
Rhyw gwestiwn,
'Beth sydd yn y bag?'
Rhyw fath o *'What's my Line?'*
Y byd barddol yw.
A bydd y mentor yn mentro
Nodi'r hyn na ellir ei gael yno,
Megis esgyrn a gïau a gwaed,
Ymlusgiaid neu ddwylo wedi eu dryllio.

Heddiw, edrychaf ar ffilm CCTV
A gweld y bagiau,
O, fel y medrent fod wedi cario offer
Mynydda, fflasgiau diwallu ar fachlud dydd,
O, fel y medrent fod yn llawn
Rhoddion, anrheg hwyr i gariad
Neu lyfr newydd i'w ddarllen.

Ond mae'r dychymyg yn pylu
Gyda thraul dynoliaeth,
A drygioni mor ddi-ddu-drugarog.

12

Of all my home's possessions,
the wastepaper basket by my feet
is my best and dearest friend.
Once it jiggled on the handlebars
of my mother's bike as she –
a pretty minister's wife –
rode up and down, doing good deeds;
I can smell the lemon in her cake
rise to my nostrils,
see her marble loaf whirl
before it swirls into place;
and my fingers, licking icing.

When I look again
the basket is empty,
nothing but greybellied words,
cuttings scattered
'at the feet of scoffers'.

13

It's an old workshop trick,
the question
'What's in the bag?'
a sort of poetry-world
What's My Line?
The mentor ventures
to mention what the bag shouldn't contain,
e.g sinews and blood and bone,
reptiles or severed hands.

Today, I am watching a CCTV film
and see the bags.
Oh, how they could be packed
with climbing gear, with flasks
to ease your thirst at the journey's end.
Oh, how they could be full
of gifts, a late present for a lover
or a new book to read.

But the imagination dulls,
threadbare from humanity's wear and tear,
its evil, so black and merciless.

Dyma gêm ddiawen
Nad yw bellach yn gweddu.

14

Fe ddywedodd Plath
Mai bardd oedd y paciwr
Mwya' godidog,
Pob gair wedi ei wasgu'n dynn
Cyn inni eistedd ar y cês, straffaglu i'w gau.

15

Yn y Cynulliad
Fe ddywedir gan rai,
Fod yr aelodau benywaidd yn poeni'n enbyd
Ble i osod eu bagiau!

16

Ar ddiwedd ein hoes,
Ni fydd raid inni boeni mwyach
Ble mae'n bagiau,

Dyma un daith sydd ar gyfer dwylo rhydd.

Golau yn Olau

O, fel rwy'n caru'r neges:
a'r cennad dienw
sy'n mynnu llw oddi wrthyf

yr af oddi yno gan ddiffodd
y golau fu'n gyfaill parod

i stafell dywyll ac yn gyfryngydd
rhwng y sawl a fu

a'r sawl a aeth o'i blaen hithau,
heb sôn am yr olyniaeth.

This is a game without rhyme, or reason.
It it no longer appropriate.

14

Plath said
that poets make the most sublime packers
each word squeezed in tight
before we sit on the case, struggle to get it shut.

15

At the Assembly
(according to the wags)
the esteemed lady members
worry where to place their bags.

16

At life's end
no need to worry
where we left our bags –
this is the journey we need to take without our baggage.

Illumination

Oh, how I love this message,
and the anonymous ambassador
who demands my promise:

that, on leaving, I shall
extinguish the ever-friendly light,

become a mediator
between those who came,

those who left
and those still to come.

Rhyw gwlwm rhwng y naill a'r llall,
ein bod yn deall hanfod düwch

a goleuni. Yn deall hefyd y sicrwydd
hwnnw, y bydd y byd yn treiglo

wrth i rywun gamu i'r gofod
a throi ei oerni yn llusern

gyda bys deialu, yn geni un lamp fechan.
A dyna a wnes innau, un noson

wrth droedio allan o'r stafell
a chofio'r gadwyn eiriol

a diffodd y golau
nes i'r lle nosi a dadrithio.

A hwyrach mai fel hyn
y daeth goleuni i'r byd –

i Dduw flino ar ddallineb nes gweiddi
'Goleuni.' A goleuni a fu.

Ond anghofiodd un manylyn bach:
mor hunanol yw dyn.

A dyna pam y caraf
y cennad newydd, cariadus

sy'n fy nwrdio'n dyner gyda'r gri:
'a wnaiff y person ola' yn y stafell

ddiffodd y golau
os gwelwch yn dda?'

A bron nad wyf am adael neges ar fy ôl
ambell dro,

a sgrifennu, rhag i Dduw o'r gwagle, rywbryd
weiddi 'Tywyllwch'.

A thywyllwch a ddaw yn drwch.

A scribbled note between the one and the other
to say we fully understand darkness

and light; understand its certainty,
this thing the world rolled out of,

as we step into space.
Turning the cold into a furnace

with a fingertip, seeing a small lamp
blossom, an universe under the promising moon,

and then, as suddenly as a pupil dilating,
stepping out of the room.

Holding on to the chain of words
as I extinguish the light

until the place, in the blink of an eye,
grows dark
and I am disillusioned. And maybe this

is how light first came into the world –
God tired of blindness and shouted

'Light,' and there was light

– but forgot one tiny detail:
the selfishness of man.

And this is why I love
the new, loving messenger

who chastises me gently with the words:
'Will the last person to leave the room
please switch off the light?'

Sometimes I almost feel
like leaving a message myself,

writing – 'Lest God in black space
should one day shout *Let there be darkness.*'

And there will be darkness.

Geiriau Lluosog am Gariad

Ar ddiwedd y dydd,
Cariad yw'r sgwrs
Sy'n ein deffro o'n trwmgwsg.

Swm yw serch,
Swmp sy'n ein llithio,
Swyn yw,
Addfwyn fryd
Sy'n sisial
F'anwylyd;
Negesydd yw
Sy'n anwesu,
Weithiau'n llatai
Sy'n llawn dyhead;
Malws yw
Sy'n toddi rhwng eich dwylo;
Awch yw
Nad yw'n diffodd,
Nwyd yw,
Chwerw-felys ei chwant,
Yn flys a flaswn ar gnawd.

Serchwellt yw, yn y glaswellt,
Yn cosi coesau yn yr haf;
Tegwch y bore a'r hwyr yw
Sy'n coleddu un llais;
Cyffro'r pum siffrwd yw
Yn seinio gair,
Blaenori yw ei ieithwedd;
Traserch heb drai.

Rhin yw sy'n rhannu
Daioni yw,
Sws a glyw pob sigl a swae:
Llawenhau y mae.

Fitamin C y galon yw,
Sy'n gu, tra bydd;
Beth sydd i'w ofni, felly?

Ten Words for Love and Longing

At the end of the day,
cariad is the word
that wakes us from sleeping.

Serch is a sum,
a captivating treasure trove,
it's an enchantment,
a tender expression
that whispers
F'anwylyd;
it is a messenger
which cherishes;
sometimes a llatai
that's full of longing;
it's mallows
that melt at your fingertips;
an appetite
that won't be assuaged,
it's *nwyd*,
a bittersweet wanting,
a craving we taste with our bodies.

It's a loving in the long grass
tickling summertime legs;
the fair of the morning, the evening too,
which knows only one true voice;
it's the stir of the five *siffrwd*
sounding a word;
its idiom is selflessness;
traserch without an end.

An essence which gives of itself,
it's all that's good.
Sws is a kiss which smooches life itself:
it is rejoicing.

It's Vitamin L for the heart,
which all its life is dear, which longs;
what, then, do we have to fear?

Yr 'c' ar wefus 'colli',
Serch yw o hyd,
Yn caledu cytseiniaid;
Cil yr enaid yn cau,
Dan iau, trallod.

Gan adael,
Angerdd ac adnabod,
Yn adladd mewn hen ydlan,
Tywysen noethlwm fel hiraeth,
Alaeth a phrofedigaeth,

Cariad: curiad, ac agoriad.

Darfod

Roedd rhywun wastad ar ddarfod
ar ein haelwyd ni. Ambell waith
gwella i farw a wnaent,
graenu ar rudd, cyn crafu'r gro.
Dysgem lediaith hiraeth yn fore,
llais ymostyngol, 'Mae'n flin gen i,'
cynnig gair am angau gydag ymddiheuriad.

A daethom i ddeall troeon yr yrfa
wrth leisio cysuron am eu galar;
geiriau fel 'yr ymadawedig', a'r 'golled'.
Daeth cystudd a thrallod
yn llwythau llaith ar riniog;
wrth y drws, amddifad rai oedd yno,
a ninnau'n cynnig nodded.

Ac ymysg yr eples, llygad-sych
oedd gwedd y gweinidog. A'r Parchedig
a fynnai, pan ddeuai'i ddydd, nad oedd
neb i golli deigryn uwch ei fedd.
Gyda'i thafod yn ei boch, dywedai mam
nad oedd am orwedd mewn mynwent

The 'L' on the lips of 'loss'
is the dark lateral of love:
the chink of the soul closing,
under a yoke, *trallod*.

Leaving
angerdd and *adnabod*,
the aftermath in an old granary
a bare stalk winnowed by a long grief
of *hiraeth* and mourning,

Love: the knock on the heart's door, the door's opening.

Passing On

There was always someone snuffing it
in our house. Sometimes they might
get better, even the cheeks pinking up,
but pretty soon they'd be out for the count.
So, as children we became
the grammarians of grief. But really
what was death to us but the hired man.

Oh yes, we took vows, knew vocations
in mourning, our voices an ointment
between those who left and those who lingered.
The missed and the mourned for
were gypsies with their sprigs on our steps
in the rain, and we were orphans who'd learned
just when to lift lament's bone to the throat.

Grieving's like yeast. It doesn't always
ferment. But we knew a preacher
who didn't give a fig for fate.
When my time's up, he said, don't turn
my grave into a swimming pool.
But my mother's cute. She said no way
would she lie in a slot that's on the slant

a honno ar oledd, a'r niwl mor ddi-weld.
Ie, trafod y meirw a wnaem uwch te ysgafn
a nodi bendithion y rhai a aeth yn ddi-ffws;
'y sawl a ddiffoddodd fel cannwyll',
neu a gipiwyd oddi cartref.
Nyni oedd llowcwyr ing, fel y sawl
'slawer dydd wrth glwyd y llan yn begera
gan dderbyn camweddau'r rhai ar daith i'r ochr draw.

A gadael y gweddill rai
wrthi'n poblogeiddio nodau'r darfodedig;
neu'n ddistaw bach, fel llau-offeiriad
a fynnai lynu at sicrwydd y diwyg du
a'i dragwyddol waith o dorri galar,
yn ei bryd, am ryw hyd, gyda'i bader.

Dysgu Cymraeg i Awen Dylan Thomas

Un i wneud hwyl am ei phen
Oedd hi unwaith,
Wrth gael ei gweld
Mewn parc gwag –
Hen ddynes grwca heb ei medru hi.

Ond heddi, nid felly y mae;
Eistedd wrth ei hochr a wnaf,
A dysgu iddi eiriau pwysig,
Ei chael i ddweud ar fy ôl:
*Coed, O, rhai cadarn ydynt,
Cedyrn y Cymry*;
A *dŵr*, sbiwch fel y mae dŵr yn treiglo
Y d-d-d- yn disgyn, wedi tasgu o bistyll.

Ac yna adar. Dysgaf iddi ddau air –
Trydar ac *adar*,
Yr adenydd a'r ehedeg;
Ac ni fydd rhai'n gweiddi geiriau cras
Ar ei hôl,
Achos yn ei genau bydd geiriau i'w chynnal.

with a casket of rain on her chest.
Fact is, we bored the dead stupid with our
afternoon chitchat; dunked blessings like teabags
for all the various victims,
eating their sins for them
like those melancholy types in the church porch
only this time with slices of cake.

So we had our uses, I suppose.
We were celebrants who gloried in
the survivors' gospel. And modest with it, too,
I always think, like the burrs of the burdock
that stick to the priest's hassock in the graveyard
while he's busy scything away at grief
with that old prayerbook of his.

Teaching Dylan Thomas's Muse to Speak Welsh

Once she was a mockery,
the crone in the empty park,
old, impotent, hunchbacked –

but today things are different;
I sit beside her,
teaching her words of weight –
drawing her to say them after me:
Trees, oh how mighty they are,
with the might of the Welsh:
and *dŵr*, see how water purrs
in Welsh when it's splashed from a fountain.

And then, I teach her two words –
adar and *trydar*,
the wings and the light;
and now no one will shout harsh words after her
because the words will be in her mouth.

A byddaf fel ceidwad y parc yn mynd tua thre,
Gan wybod nad yw'n ddigartre,
Ac o bell, clywaf eiriau'n seinio:

Coed cadarn,
Cedyrn y Cymry,
Dŵr, ac adar,
A bydd ei geiriau'n ddiferion
O bistyll,
Yn codi fel adenydd sy'n ehedeg.

A bydd ei ffon o hyn allan
Yn pigo dail marw o'r parc
A'u troi yn las,
Mor las â thafod hen wraig grwca yn y parc.

Y Perllannwr
(er cof am Gwynfor)

Nid gyrfa yw gwladweina'n wâr,
                    ond cyflwr
                        a dwriwyd.

Yn y llain,
          yn llaw'r perllannydd,
Yn iro'n araul,
          trin egin nes agor –
                    erwain,
erom.

Stad yw gwlad a'i gwlydd
yn chwyn
          ar chwâl,
Cyn i un ar ddi-hun hau,
magu'r blagur i blith
          y fintai,
                    â'i fenter.

I will be the park-keeper, going homewards
knowing that she is not homeless;
far away I hear her pronounce:

Coed cadarn,
Cedyrn y Cymry,
dŵr and *adar*;
and her words will be
drops flung from a fountain,
rising like flying wings.

Now her stick,
spearing dead leaves in the park
will turn them, turn herself
into a living green.

The Orchard-keeper
(in memory of Gwynfor Evans)

Governance is not a sleight of hand
but a furrow set, then deepened.

In the clearing,
in the orchard keeper's hand,
burnished to brightness,
nursing the green shoots until they spring
to meadowsweetness.
This much he does for us.

A nation is an estate
whose fruits
are weeds, mired
until a true gardener should sow the seed,
midwife the small buds to
the throng of blossom
through his vision.

Erys ei fysedd heb fesur –
ai arwydd o dywydd da?
Deial
        dihafal?

Bydded haul.

His fingers' span is unmeasured –
a sign of fair weather to come?
A matchless
forecast?
Let there be sun.

Nodiadau
Notes

CELL ANGEL

Cell Angel / Pysgotwr (20/62)
Fe ysgrifennwyd y rhain fel rhan o'r ymchwil i agweddau treisiol a gyhoeddwyd yn ddiweddarach, 'Dim Llais i Drais', Cronfa Achub y Plant/Cymorth i Fenywod. Oherwydd ei ymarweddiad treisiol fe dreuliodd y llanc ifanc ei flynyddoedd cynnar mewn gwahanol sefydliadau.

Salm i'r Gofod Bach yn y Drws (24)
Un o glwstwr o gerddi am fy ngharchariad yn 1993 am wrthod talu dirwy fel rhan o'r Ymgyrch dros Ddeddf Iaith Newydd gryfach. Fe aeth y ddeddf drwy'r Senedd yn San Steffan yn ystod yr wythnos honno.

Siesta (32)
human: hen air am chwarae tenis.

Yn eu Cil / Coed Newydd (34/36)
Darlledwyd y rhain fel rhan o raglen ddogfen a gyflwynwyd gennyf ar S4C yn 1995 yn dwyn y teitl ' Plygu Glin i Fiet-Nam'.

CUSAN DYN DALL

Y Galon Goch (94)
Dod ar draws y gair 'camfflabats' a wnes a dotio ato. Hei lwc oedd cael y cyfle i'w ddefnyddio yn dilyn gwylio rhaglen deledu amdani.

Dim ond Camedd (100)
Darllenais yn y papur newydd am ddiwydiant y diwyg ysgafn. Dechreuodd fel cerdd ddychanol a datblygu'n fwy amwys a dwys. Darllener hi fel y mynner.

Y Goeden Grinolïn / Lladron Nos Dychymyg / Crwydro (104/106/106)
Cerddi am henaint yn ei amlygu ei hun trwy wahanol ddychmygion, yr hyn yw hanfod barddoniaeth yn aml iawn.

Papurau Reis / Cu Chi (112/118)
Dwy gerdd ar ôl treulio amser yn Fietnam. Fe ymwelais â thai bwyta Fietnam wrth deithio o'r de i'r gogledd a hyn oedd pennaf genhadaeth fy nghyfieithydd sef sicrhau ymborth digonol. Fel un sy'n ofnus o ddrychfilod fe fu sefyllian ar fy mhen fy hunan mewn twnnel am rai munudau yn artaith gyda'u llygaid chwyddedig yn rhythu arnaf.

CELL ANGEL

Cell Angel / Fisherman (21/63)
These were written while researching a book on violent behaviour; two poems about a young lad whose violent behaviour meant that he spent most of his life in an institution. The book was published in 1997 called *Hands Off* (Save the Children Fund/Welsh Women's Aid).

Psalm to the Little Gap in the Cell Door (25)
This forms part of a sequence of poems on my imprisonment in 1993 for refusal to pay a fine as part of the non-violent campaign for a New Language Act.

Siesta (33)
sboncio: to jump or bounce.
human: an old Welsh word for tennis.

On the Brink / New Growth (35/37)
These poems were transmitted on S4C as part of a documentary programme I presented and wrote 'Plygu Glin i Fiet Nam' (To go on my knees in Viet-Nam), 1995.

Pomegranates (47)
A poem commissioned for AIDS Awareness Day.

Poems in Memory of Gwyn A. Williams (77/87)
Paradise Time: 'The crow sees his chick white' is a proverb implied by the last line but not quoted. I have had to make the reference explicit.
Snow Drops: The 'uchelwyr' ('patrons') after the conquest of Wales in 1282 were native landowners under Anglo-Norman hegemony who were the focus of a Welsh cultural renaissance.

BLIND MAN'S KISS

The Red Heart (95)
I was intrigued by the notion that the old Welsh word for 'vagina' is *y llawes goch* – 'the red sleeve'. *Camfflabats* is a south Walian colloquial expression long gone from circulation. Until now, that is.

Teeth of the Sun (97)
I heard of a Californian law that prohibited putting oranges in a bath.

Mwlsod (140)
Defnyddiwn 'mwlsyn' fel gair difrîol heddiw. Dyna oedd yn weddus hefyd wrth i mi gellwair â'r llopanau am fy nghadw yn fy lle.

Llenni Cau (146)
Wrth fynd am dro un dydd gofynnodd plentyn bach i'w fam a oedd y llenni ar gau am eu bod yn 'caru'. A dyna gychwyn ar y syniad ein bod fel Cymry yn hoffi cau gogoneddau'r Gymraeg a'i llên rhag i neb eu gweld.

Remsen (154)
Un o gymeriadau mwyaf dadleuol y bedwaredd ganrif ar bymtheg oedd SR sef Samuel Roberts, llenor a phregethwr. Fel heddychwr digyfaddawd yn yr Amerig fe gafodd ei gamddeall gan lawer. Wrth bori yn ei lythyron cofiaf ddarllen am ei unplygrwydd wrth ymgyrchu dros hawliau pobl o bob math yn enwedig hawl merched i gael y bleidlais. Wrth ymweld â Remsen a chael croeso mawr mewn tŷ tafarn yno, fe gofiais amdano ef yn cael drws y capel wedi ei gau yn ei wyneb.

Harlem yn y Nos (156)
Yn ystod 1998 treuliais gyfnod yn gweithio yn ninas Efrog Newydd. Tra'n gweithio gyda chyfansoddwr yno, byddai gofyn i mi deithio yn ôl yn hwyr y nos neu yn y bore bach trwy Harlem. Lle dilewyrch iawn yw heb oleuadau mewn rhai mannau. Cerdd yw sydd yn ddyhead am uniaethu â phawb sydd yn gorfod croesi ffiniau gan deimlo'n ddigartref a diymgeledd.

Bore da yn Broadway (160)
Dieithredd sydd yn ennill y dydd yn y gerdd hon hefyd wrth i adnabyddiaeth droi bron iawn yn ddibyniaeth.

Y Gwas Bach (164)
Mewn oes pan yw pawb yn sôn am ddifodiant cefn gwlad dyma olwg fwy sinistr a llai rhamantus ar fagwraeth amaethyddol.

Saffir (172)
Cerdd er cof am fardd ifanc addawol a laddwyd yn Sri Lanka yn 1990. Bu'n ohebydd, darlledwr, cyfarwyddwr theatr a darlithydd ac fe'i gwelwyd fel awdur 'disglair y dyfodol'. Ond, yn dilyn perfformiad o ddrama ddychanol ganddo am y drefn sy'n bodoli yn Sri Lanka fe'i cipiwyd ryw brynhawn gan wŷr arfog ac fe olchwyd ei gorff i'r lan y bore wedyn. Fe'i saethwyd yn ei ben. Tra oeddwn yno, lansiwyd cyfrol o'i waith.

Standing By (99)
In Welsh 'waiting' has at least three different meanings and depends on the exact kind of waiting involved.

Nothing But Curves (101)
In the US they take their lingerie seriously, calling them 'engineering projects'. In Welsh, the word *bronglwm* years ago would send people into fits of laughter as the vocabulary of sexual politics had not yet become part of the acceptable poetic vocabulary. This tries to redress that...

The Crinoline Tree / Night Thieves / Wandering (105/107/109)
As they got older my aunts responded to everyday life in surprising ways.

Rice Papers (113)
I spent many weeks in Vietnam in 1994 and 1995 researching a documentary for S4C. During my first visit I was looked after by the Cultural department of the government and by a woman called Trinh.

Cu Chi (119)
During filming in the tunnels of Cu Chi the cameraman wanted me to explore a tunnel that was not used by tourists. I was left there while the crew went outside to change batteries. In those brief minutes I sensed some of the nameless insects which encircled me.

Malediction (129)
'Sioni Wynwyns', or Johnny Onions in English, was the name given to peripatetic Breton onion-sellers, once a familiar sight on the streets of Welsh towns. *yr* is Welsh for 'the'.

Mules (141)
Following a suggestion from my doctor that I should slow down I went out and bought a pair of slippers.

Stinger's Remsen (155)
Samuel Roberts faced in the US the classic pacifist dilemma of opposing the Civil War and yet was an opponent of slavery.

Cat Out of Hell (161)
A 93-year-old woman was caught speeding. Since she complained that she could not afford to pay the fine she was allowed to complete some hours of community work – for meals on wheels.

Y Bardd Diflewyn / Cusan Hances (174/176)
Yn ystod paratoi'r gyfrol bu farw'r bardd R.S. Cofiais am fynd allan i chwilio am offer eillio iddo pan oedd ef a minnau yn darllen mewn Gŵyl Lenyddol ym Marcelona.

PERFFAITH NAM

Bronnau ffug (188)
Hanes cymar yn dwyn arian er mwyn i'w gariad gael triniaeth ar ei bronnau.

Iâ Cymru (198)
Rhyfedd fel y mae'r trosiad o Gymru yn cael ei ddefnyddio er mwyn tynnu sylw at ryw drychineb neu'i gilydd. Y ffaith ddiweddaraf yw fod darn o iâ o faintioli Cymru yn toddi'n flynyddol yn yr Antartig.

Emyn i Gymro (224)
Comisiwn i lunio libretto ar gyfer Gŵyl Tŷ Newydd oedd hedyn y gerdd hir 'Emyn i Gymro'. Dim ond detholiad a geir yma. Yn rhyfedd iawn, daeth canwr arall annisgwyl i glywed y perfformiad ar ffurf titw Tomos.

CERDDI NEWYDD

Libanus a Lebanon, 2006 (262)
Roedd fy nhad yn weinidog am gyfnod yn Libanus, Y Pwll, Llanelli ac i mi roedd y dwyrain canol yno, yn y pwll hwnnw. Dyma gofio stori am fy chwaer wrth wylio'r rhyfel arall yna yn Libanus yn haf 2006.

Geiriau llusog am gariad (278)
Fy nod wrth gychwyn cerdd am gariad oedd cynnull llawer o eiriau sy'n mynegi serch heb eu bod yn amlwg felly. Cerdd chwareus yw hi felly-fel y dylai serch fod.

Dygu Cymraeg i Awen Dylan Thomas (282)
Beth pe bai Dylan Thomas yn fyw heddiw? A fyddai ei agwedd at y Gymraeg yn wahanol neu'n bwysicach a fyddai ei rieni wedi ei anfon i ysgol Gymraeg? Cerdd yw hon sy'n dychmygu hyn oll trwy gyfrwng un o'i gerddi mwyaf cofiadwy.

The Small Communion (167)
My father, a minister, had a miniature communion set which he used when visiting sick and bedridden members of his congregation. I used to play with the tiny vessels.

The Big Communion (169)
In Pucklechurch, a women's prison, a surprising number of inmates go to Communion on Sunday. It may have something to do with the wine.

Cleaning the Chapel (171)
The Reverend Eifion Powell in a sermon once mentioned how a chapel member used to translate the Welsh *Ysbryd Glân* as 'Clean Spirit'.

Sapphire (173)
During March 2000 I visited Colombo, Sri Lanka, and was moved by the resilience of the literary communities there. I was present when a book was launched ten years after the death of the poet, Richard de Zoysa. He was also a broadcaster, playwright, teacher and theatre director. During his last months he had been more critical about the war in Sri Lanka. He was picked up one afternoon by a group of men and a few hours later his body was washed ashore. He had been shot in the head. Not all poets have the good fortune to let their words speak freely.

The Poet / Handkerchief Kiss (175/177)
Two poems of tribute to R.S. Thomas.

PERFECT BLEMISH

Falsies (189)
A young woman's boyfriend steals money to enable her to have a "boob" job.

Welsh Ice (199)
On learning that a piece of ice the size of Wales melts in Antarctica every year.

Hymn to a Welshman (225)
A libretto commission (music by Pwyll ap Siôn) and performed by renowned harpist Elinor Bennett and myself at Ty Newydd Festival in 2001. During a rehearsal, the Stranger too appeared outside, ex-

citedly beating the window with his wings to the sound of poetry and music.

New Poverty (245)
Because of the refusal of a poet's widow to give permission for her husband's work to be published, I thought of Osip Mandelstam's wife.

NEW POEMS

A Dream Against the Clock (257)
A commission to 'answer back' a poet for an anthology edited by Carol Ann Duffy, *Answering Back* (Picador, 2007). I chose Dafydd ap Gwilym, the 14th-century love poet who is widely regarded as one of the finest poets in Europe.

Libanus and Lebanon, 2006 (263)
Wales has many place names taken from the Bible.
Libanus: Lebanon.
Y Pwll: The Pit.
'O dyma gariad': a much sung hymn at funerals.
'one man lies in a perfect peace...': Ariel Sharon.

Ten Words for Love and Longing (279)
The original poem in Welsh is 30 words for love but in the act of translating this has been changed to 10. I've left the italics in Welsh to suggest the abundance of words in Welsh as I'd like to think that we can also display, like the Inuits with snow, the exuberance of the Welsh language

Teaching Dylan Thomas's Muse to Speak Welsh (283)
If Dylan Thomas were living in Wales today he would not have needed to shy away from the language (perhaps his parents would have sent him to a Welsh medium school). With regret I used his 'Hunchback in the Park' which is full of other references to poems in Welsh and English.

TRANSLATORS' COMMENTS

GILLIAN CLARKE:

In a way poetry cannot be translated. Meaning and imagery are so perfectly contained by language, by the right words in the right order, that I feel nothing but a sense of loss crossing the bridge to the other country. Either way poetry suffers a sea-change.

Welsh belongs to a completely different family of languages from English, yet they share ground, blood and history. Their words rarely have a common root, syntax order is different and the two languages demonstrate two ways of seeing the world. Translation should not be linguistic or academic work but an act of poem-making. Each word is an old moon with the new moon in its arms. A poet-translator must make a new poem in the shell of another, holding the poet's pen, thinking her thoughts. Where a cadence, a moment of *cynghanedd* – Welsh consonantal patterns – or a many-shaded meaning is lost here, I have tried to capture an equivalent in English there. I have tried to balance loss with gain.

Menna Elfyn's bold habit of making a universe of common things is a lesson in poetry I am grateful to learn and to feel its influence at work. Crossing the bridge of language in a nation with two tongues is to find the poet's honey-jar.

ELIN AP HYWEL:

Translation is by nature an act of cumulative definition, a search for a path through many meanings. This seems to me to be especially true in translating Menna Elfyn's work. Her use of language is so allusive, elliptical and multiple that her poems remind me of holograms. You see a different configuration of colours depending on the angle where the light strikes it.

So what is translating that dazzle of language like? The process reminds me a little of the pleated paper cones we'd put on our fingers when we were children. Each flap unfolded, each choice made, led on to others. You only knew what you'd missed if you'd written the little messages under the flaps yourself.

When I translate her work I feel like some cut-price Herod. I mourn for the still-born, barely-formed other meanings in a Welsh work which I have had to pin down to one thing or another. The only possible excuse for these small massacres is that Menna

Elfyn's compassion, honesty and longing to engage with her subject seem to be constants in her work. She is like Jacob wrestling with the angel, and it's not some feathers-and-trumpets, sent-straight-from-Heaven angel but a cell angel, an angel very much of this world. The virtuosity of her language, like a pillar of light, refracts the many facets of the one desire to reach out and touch the reader or the listener. If I make some hard choices I might convey a little of that desire, that dazzle, in English.

JOSEPH CLANCY:

Translating poems is always and never the same. Each time one confronts the impossibility of achieving the Welsh emphasis within the quite different English syntax, the desperate searching for English words that will capture at least some of the associations of the Welsh. And each time there is the difference and the freshness of one particular poet's work, of each unique poem.

In translating Menna Elfyn I find it helpful that the person in the poems, the voice, comes into English readily – the lively intelligence, the intense response to ordinary as well as extraordinary experiences. Attractive, too, though anything but helpful, properly challenging for a poet-translator, is her constant attempt to find words for nuances of those experiences that seem almost inexpressible. Welsh words, of course, pushing the language at times to extremes that exceed the translator's grasp of either language.

Unusually among those contemporary poets I've translated, Menna Elfyn is much less concerned with the fidelity of particular words and phrases than with seeing achieved in English an effective poem that conveys the general sense and feeling of her Welsh original. Her suggestions on my first drafts of a translation often take more liberties with the poem than I would venture, and the final version is usually freer that most critics, I suspect, would approve. What Menna Elfyn is after in English as in Welsh is the best poem possible – and what fellow-poet as translator could find fault with that?

'I fear there are flaws in the sequence – and I did so much want them to be a tribute to such a great man' – MENNA ELFYN

TONY CONRAN:

...Any flaws there may be in your Gwyn Alf sequence are simply the overflow of your involvement in words and in life. Words and ideas and images churn, flash, spark off one another. Sometimes I think you are only just in control; they run almost out of your grasp. It is difficult to see where they are leading you, sometimes. But this sense of words and images struggling – and you struggling with them, or flowing with them, or letting them exist, and still being you saying things, feeling things in your own particular way – that is where the excitement of your poetry comes from.

If you get rid of the DIY DNA joke I'll never speak to you again!

NIGEL JENKINS:

Heedful though she is of her literary patrimony and well versed in its formal particularities, Menna is an adventurer who could never settle for snuggling down contentedly beneath the bardic tradition's cosy blanket. Wales and the Welsh language may be centrally important to her, but even when she risks writing of great national clichés like sheep or the weather, she will never present the reader with a predictable, postcard Wales. An undoubted enticement for the translator (as, one trusts, for the reader) is her wry playfulness which startles and delights with its depth and variety – and which is always at the service of a profoundly engaged and engaging humanity. As befits an explorer of both inner and outer landscapes, hers has become a poetry of daringly imaginative leaps, taking risky liberties with language, to the extent that the verbal excitement is, crucially, a vital part of what is being said.

ROBERT MINHINNICK:

Her best work is found in the Bloodaxe volumes and in newer pieces in which wry and private meditations on subjects such as her daughter's choice of jewellery are expanded to become poems on time and the inevitability of change. These poems are skilful combinations of light and dark, where points of serious irony are never far away. They might be compared to etchings that include high definition realistic detail against sometimes sombrely shaded backgrounds.

Her poetry is not only a tribute to her own indefatigible energy and international concerns, but a testament to the Welsh language itself as a modern and marvellous medium for writing in the highest order. Translating her is a joy because she is always adaptable, absolutely never dogmatic or precious about her work. Indeed, she urges the translator to take risks and to experiment, so the poem takes on a vital life in its new language, and the translator feels a sense of ownership. Creative herself, she insists on creativity in others. I find that a wonderful characteristic.

NOTES ON THE TRANSLATORS

Joseph P. Clancy is a poet, critic, and translator from New York City, where he lived until his retirement in 1990, when he settled in Wales. He is Marymount Manhattan College's Emeritus Professor of English and Theatre Arts. His selected poems, *The Significance of Flesh*, was published in 1994, and *Here and There*, in 1994. He has also translated extensively from medieval and modern literature, most recently *Medieval Welsh Poems* by Four Courts Press in 2003. He has also written essays on translation in *Other Words* (1999) and has published many volumes of individual Welsh authors in translation: Saunders Lewis, Alun Llywelyn Williams and Dafydd ap Gwilym to name just a few.

Gillian Clarke has published eight collections of poetry, writes plays and short stories, and translates poetry and fiction from Welsh. She is president of Tŷ Newydd, the Writers' Centre in Gwynedd, North Wales, which she co-founded in 1990, and is part-time tutor in doctoral studies in Creative Writing, University of Glamorgan. She was the Capital Poet for Cardiff during the centenary year 2005-06. Her most recent books include *Collected Poems*, *Five Fields* and *Making the Beds for the Dead*, published by Carcanet. She lives in Ceredigion.

Tony Conran is a poet, critic, and playwright, also well-known for his translations of Welsh-language poetry. His many collections include, *Blodeuwedd* (1988) and *Castles* (1993), which won Arts Council of Wales prizes and BBC Arts awards. In 1995, writers and friends collaborated to celebrate his literary achievements with a book called *Thirteen Ways of Looking at Tony Conran*. Since then he has published several more books, including *Eros Proposes a Toast* (1998), *A Gwynedd Symphony* (1998), *The Shape of My Country* (2004) and *Red Sap of Love* (2006), which was shortlisted for the Roland Mathias Prize.

Elin ap Hywel is a poet and translator who enjoys working in collaboration with others. Her own work has been translated into several languages, including Czech, Dutch, Italian and Galician, and is widely anthologised. Her most recent books are *Ffiniau / Borders* (Gomer, 2002), a collaboration with fellow poet Grahame Davies, and *Llwy Garu/ Love Spoon* (Hafan Press, 2007). She is a

Royal Literary Fund Writing Fellow at the University of Wales, Aberystwyth.

Nigel Jenkins was born on a farm in Gower and worked as a newspaper reporter in the English Midlands before returning home to work as a freelance writer and lecturer. His latest book of poems is *Hotel Gwales* (Gomer, 2006). His book about Welsh missionaries in north-east India, *Gwalia in Khasia* (Gomer, 1995), won the Arts Council of Wales Book of the Year Award in 1996. His other books include his selected essays and articles, *Footsore on the Frontier* (Gomer, 2001), and a second collection of haiku, *O For a Gun* (Planet Books, 2007). Co-editor of *The Welsh Academy Encyclopaedia of Wales* (University of Wales Press, 2007), he is currently working on *Real Swansea* for Seren Books. He teaches creative writing at the University of Wales Swansea.

Robert Minhinnick is a poet, editor and essayist. In 1993 he won the Arts Council of Wales Book of the Year Award for a collection on essays, *Watching the Fire-eater*, an award he won again in 2006 with *To Babel and Back*. His most recent poetry collections are *Selected Poems* (Carcanet, 1999) and *After the Hurricane* (Carcanet, 2002). In 2003, he edited a volume of translations from the Welsh, *The Adulterer's Tongue* (Carcanet). He won the Forward Prize for Best Individual Poem in 1999 and 2003. His first novel, *Sea Holly*, was published by Seren in 2007. His next collection is due from Carcanet in 2008.